Orlando Balaş

LIMBA GERMANĂ

Exerciţii de gramatică şi vocabular

ORLANDO BALAŞ (n. 1971) – studii de romanistică şi germanistică la Universitatea „Babeş-Bolyai" din Cluj-Napoca; masterat în studii germane; doctorat în literatură comparată. A urmat mai multe stagii de pregătire şi cercetare la universităţi din Germania şi Austria. A publicat la Editura Echinox volumele *Borderline* (versuri, 1995) şi *Reprezentări ale feminităţii în eposul germanic medieval* (2007), iar la Editura Primus volumul *Ecologie şi religie* (2011). De acelaşi autor, la Editura Polirom au mai apărut *Limba germană. Simplu şi eficient* (2004; ediţia a II-a revăzută şi adăugită, 2005; ediţia a III-a, cu CD audio, 2007; ediţia a IV-a revăzută, 2008; ediţia a V-a revăzută, 2009, 2010; ediţia a VI-a revăzută, 2011; ediţia a VII-a revăzută, 2012; ediţia a VIII-a revăzută şi adăugită, 2013; ediţiile a IX-a şi a X-a revăzute, 2014; ediţia a XI-a revăzută şi adăugită, 2015; ediţia a XII-a revăzută, 2016; ediţia a XIII-a revăzută şi adăugită, 2017; ediţia a XIV-a revăzută, 2018; ediţia a XV-a, revăzută şi adăugită, 2019), *Limba germană. Exerciţii de gramatică şi vocabular* (2005; ediţia a II-a revăzută şi adăugită, 2006; ediţia a III-a revăzută, 2007; ediţia a IV-a revăzută, 2009; ediţia a V-a, 2011; ediţiile a VI-a şi a VII-a revăzute şi adăugite, 2012; ediţia a VIII-a revăzută şi adăugită, 2013; ediţia a IX-a revăzută, 2014; ediţia a X-a revăzută şi adăugită, 2015; ediţia a XI-a revăzută, 2016; ediţia a XII-a revăzută, 2017; ediţia a XIII-a, revăzută, 2019) şi *Tanuljunk németül! Nyelvtani és szókincsfejlesztő gyakorlókönyv* (2008). A tradus din germană mai multe volume, între care Heinrich Harrer, *Întoarcerea în Tibet* (Polirom, 2016).

Consultant ştiinţific: Prof. Dr. Dr. h. c. mult. Rudolf Windisch

www.polirom.ro

Editura POLIROM
Iaşi, B-dul Carol I nr. 4; P.O. BOX 266, 700506
Bucureşti, Splaiul Unirii nr. 6, bl. B3A, sc. 1, et. 1,
sector 4, 040031, O.P. 53

Descrierea CIP a Bibliotecii Naţionale a României:

BALAŞ, ORLANDO

Limba germană: exerciţii de gramatică şi vocabular / Orlando Balaş. – Ed. a 14-a, revăzută şi adăugită – Iaşi: Polirom, 2020

ISBN 978-973-46-8072-6

811.112.2

Printed in ROMANIA

Orlando Balaș

LIMBA GERMANĂ

Exerciții de gramatică și vocabular

Ediţia a XIV-a revăzută şi adăugită

POLIROM
2020

Cuprins

Cuvînt înainte

Lucrarea de față este o culegere de exerciții utilă celor care învață limba germană și un instrument eficient de exersare și fixare a gramaticii și vocabularului în vederea obținerii unor certificate de competență lingvistică, cum ar fi Goethe Zertifikat, Test DaF, DSD sau ÖSD. *Limba germană. Exerciții de gramatică și vocabular* se adresează deopotrivă începătorilor și celor care au cunoștințe medii, putînd fi folosită ca material auxiliar în paralel cu orice manual sau curs de limba germană.

Exercițiile propuse, care pot fi rezolvate direct pe carte, ajută la formarea unor deprinderi și reflexe în ceea ce privește exprimarea corectă în limba germană. Sînt vizate cele mai importante chestiuni de gramatică: declinarea substantivului și pronumelui, gradele de comparație și acordul adjectivului cu substantivul, conjugarea verbului, verbele modale, pasivul, condiționalul, topica propoziției principale și a celei subordonate. Vocabularul, atît cel exersat explicit, cît și cel folosit în capitolele de gramatică, este cel uzual, din viața de zi cu zi.

Capitolele de gramatică includ tabele, sistematizări și o scurtă prezentare a regulilor care urmează să fie exersate. Gradul de dificultate al exercițiilor crește progresiv pe parcursul fiecărui capitol și al întregii lucrări, cuprins între nivelurile A1 și B2 din Cadrul European Comun de Referință pentru cunoașterea unei limbi. Cheia exercițiilor permite verificarea corectitudinii rezolvărilor și face ca această lucrare să fie adecvată și studiului individual.

Viel Erfolg und Spaß!

Autorul

Lista abrevierilor şi semnelor folosite

A	=	cazul acuzativ
D	=	cazul dativ
f	=	genul feminin
G	=	cazul genitiv
m	=	genul masculin
N	=	cazul nominativ
n	=	genul neutru
Pers.	=	persoana
Pl	=	numărul plural
Pos	=	posesiv
Sg	=	numărul singular
⇒	=	rezultă, se transformă în
→	=	deplasare, direcţie
↓	=	situare, repaus

Articolul

Articolul hotărît

În funcţie de genul, numărul şi cazul substantivului pe care îl determină, articolul hotărît are următoarele forme:

	Masculin	Feminin	Neutru	Plural
N	***der***	***die***	***das***	***die***
G	***des***	***der***	***des***	***der***
D	***dem***	***der***	***dem***	***den***
A	***den***	***die***	***das***	***die***

1 Completaţi cu formele de nominativ ale articolului hotărît:

_____ Vater (m) kocht.

_____ Mutter (f) liest.

_____ Kind (n) spielt.

_____ Opa (m) schläft.

_____ Oma (f) strickt.

_____ Mädchen (n) singt.

_____ Hund (m) bellt.

_____ Katze (f) miaut.

_____ Pferd (n) wiehert.

_____ Bär (m) brummt.

_____ Biene (f) summt.

_____ Hahn (m) kräht.

_____ Schaf (n) blökt.

_____ Löwe (m) brüllt.

_____ Maus (f) piepst.

_____ Wolf (m) heult.

_____ Eltern (Pl) machen dem Kind ein Geschenk.

_____ Sohn (m) hilft der Mutter beim Aufräumen.

_____ Kinder (Pl) spielen Fußball im Hof.

_____ Hof (m) ist voller Kinder.

_____ Wohnung (f) ist in einer sonnigen Lage.

_____ Apartment (n) ist renoviert.

_____ Küche (f) ist modern eingerichtet.

_____ Wohnzimmer (n) ist groß und hell.

_____ Tisch (m) steht am Fenster.

_____ Stühle (Pl) stehen um den Tisch.

_____ Lampe (f) hängt an der Decke.

_____ Bett (n) steht an der Wand.

_____ Schrank (m) steht neben dem Bett.

_____ Haus (n) hat eine schöne Veranda.

_____ Student (m) hat morgen eine Prüfung.

_____ Studentin (f) liest ein Magazin.

_____ Schüler (Pl) besichtigen das Museum.

_____ Schüler (m) liest einen Roman.

_____ Roman (m) gefällt dem Schüler gut.

_____ Schülerin (f) liest eine Erzählung.

_____ Erzählung (f) ist spannend.

_____ Buch (n) liegt auf dem Tisch.

_____ Hefte (Pl) sind in der Tasche.

_____ Sommer (m) ist eine schöne Jahreszeit.

_____ Wetter (n) ist im Sommer schön.

_____ Bus (m) kommt in 5 Minuten.

_____ Sonne (f) und _____ Mond (m) sind Himmelskörper.

_____ Restaurant (n) „Zum Griechen“ liegt in der Nähe.

_____ erste Aufgabe (f) ist gelöst.

2 Completaţi cu articolul hotărît corespunzător:

1) ____ Junge (m, N) kauft ____ Roman (m, A) für seine Schwester.
2) ____ Alte (f, N) bittet ____ Jungen (m, A) um Hilfe.
3) ____ Mädchen (n, N) wäscht sich ____ Hände (Pl, A).
4) ____ Kinder (Pl, N) helfen ____ Mutter (f, D) beim Kochen.
5) ____ Autor (m, N) ____ Erzählung (f, G) ist sehr bekannt.
6) ____ Hausverwaltung (f, N) renoviert ____ Keller (m, A).
7) ____ Kranke (m, N) nimmt ____ Medikament (n, A) ein.
8) ____ Firma (f, N) liefert ____ Kunden (m, D) ____ Ware (f, A) ins Haus.
9) ____ Kellnerin (f, N) serviert ____ Gästen (Pl, D) ____ Dessert (n, A).
10) ____ Student (m, N) stellt ____ Professor (m, D) eine Frage.
11) ____ Kino (n, N) befindet sich in der Nähe ____ Hotels (n, G).
12) ____ Dame (f, D) gefällt ____ Farbe (f, N) ____ Jacke (f, G) nicht so gut.
13) ____ Briefträger (m, N) bringt ____ Abonnenten (m, D) ____ Zeitschrift (f, A).
14) ____ Würde (f, N) ____ Menschen (m, G) ist unantastbar.

3 Treceţi substantivul din paranteză la cazul genitiv, însoţit de articol hotărît:

1) Das Fahrrad ____________________ steht vor der Schule. (der Lehrer, s)
2) Der Autor ____________________ ist unbekannt. (das Märchen, s)
3) Das Referat ____________________ ist schon korrigiert. (die Studentin)
4) Das Haus ____________________ ist schön. (die Großeltern – Pl)
5) Er ist der Assistent ____________________. (der Professor, s)
6) Der Preis ____________________ ist sehr hoch. (die Wohnung)
7) Die Besucher ____________________ sind beeindruckt. (das Museum, s)
8) Die Einladung ____________________ kommt unerwartet. (der Kapitän, s)
9) Die Meinung ____________________ interessiert mich. (die Leute – Pl)
10) Die Eltern ____________________ kommen zur Schule. (das Kind, es)
11) Die Arbeit ____________________ ist interessant. (der Student, en)
12) Die Antwort ____________________ ist richtig. (die Schülerin)
13) Der Bruder ____________________ grüßt uns. (das Mädchen, s)

4 Treceţi substantivul din paranteză la cazul dativ, însoţit de articol hotărît:

1) Sie zeigt ______________________ aus Deutschland die Stadt. (der Freund)

2) Er zeigt ______________________ die Exponate. (die Besucher – Pl)

3) Die Mutter kauft ______________________ ein Buch. (der Sohn)

4) Der Lehrer gibt ______________________ eine gute Note. (die Schülerin)

5) Die Lehrerin zeigt ______________________ einen Film. (die Schüler - Pl)

6) Das Rauchen schadet ______________________. (die Gesundheit)

7) Die Oma liest ______________________ ein Märchen vor. (der Enkel)

8) Der Opa hilft ______________________ bei den Hausaufgaben. (die Enkelin)

9) Peter schenkt ______________________ sein altes Fahrrad. (das Mädchen)

10) Das Experiment gelingt ______________________. (die Forscherin)

11) Der Gast dankt ______________________. (der Gastgeber)

12) Wir gratulieren ______________________ zum Geburtstag. (das Kind)

5 Treceţi substantivul din paranteză la cazul acuzativ, cu articol hotărît:

1) Nimm ____________________ mit! Bald regnet es wieder. (der Regenschirm)

2) Er kauft ______________ für seine Frau. (die Blumen – Pl)

3) Wir renovieren ______________. (das Badezimmer)

4) Georg ruft ______________________. (der Hund)

5) Karin streichelt ______________________. (die Katze)

6) Die Mutter ruft ______________________ ins Haus. (das Kind)

7) Hast du ______________________ dabei? (die Papiere – Pl)

8) Sie liest ______________________ von ihm. (der Brief)

9) Wir nehmen ______________________ zum Flughafen. (das Taxi)

10) Gehen wir zu Fuß oder nehmen wir ________________? (der Bus)

11) Sie verliert oft ________________. (die Geduld)

12) Die Touristen möchten ______________________ besichtigen. (der Dom)

13) Er liest ________________ „Der Zauberberg". (der Roman)

6 Treceți substantivele scrise cursiv în coloana corespunzătoare cazului lor:

1) *Der Vater* liest *der Tochter das Märchen* „Hänsel und Gretel" vor.

2) *Die Mutter des Kindes* überprüft *die Hausaufgabe.*

3) *Der Briefträger* gibt *der Rentnerin den Brief.*

4) *Die Lehrerin* liest *die Arbeiten der Schüler.*

5) *Die Eltern der Studentin* besichtigen *die Stadt.*

6) *Der Roman* gefällt *dem Leser* nicht.

7) *Den Zuschauern* gefällt *das Theaterstück* besonders gut.

8) *Der Mechaniker* repariert *den Motor des Autos.*

9) *Die Verkäuferin* zeigt *der Dame die Bluse.*

10) *Der Käuferin* gefällt *der Schnitt der Bluse.*

11) *Der Mieter* bezahlt *dem Vermieter die Miete.*

12) *Die Sekretärin* beendet *die Übersetzung des Angebots.*

Nominativ *Cine?*	***Genitiv*** *Al, a, ai, ale cui?*	***Dativ*** *Cui?*	***Acuzativ*** *Pe cine? Ce?*

7 Completaţi cu articolul hotărît şi cu terminaţiile corespunzătoare:

1) ___ Gastgeber (m) reicht ___ Gast (m) ___ Hand (f).
2) ___ Schüler (Pl) lesen ___ Gedicht (n) „Wanderers Nachtlied" von Goethe.
3) ___ Professor (m) erklärt ___ Student__ (m) ___ Regel (f).
4) ___ Ende (n) ___ Roman_ (m) missfällt mir.
5) Morgen zeigen wir ___ Freunde_ (Pl) aus Deutschland ___ Dom (m).
6) ___ Name (m) ___ Autor_ (m) ist mir unbekannt.
7) ___ Ärztin (f) verschreibt ___ Kranke_ (m) ___ Medikament (n).
8) Kaufst du ___ Mantel (m) oder ___ Jacke (f)?
9) ___ Richter (m) glaubt, dass ___ Zeuge (m) ___ Wahrheit (f) sagt.
10) ___ Eltern (Pl) machen ___ Kinder_ (Pl) eine Überraschung.
11) ___ Fahrgast (m) bezahlt ___ Taxifahrer (m) ___ Fahrt (f).
12) Gib mir bitte ___ Kuli (m)! Ich muss ___ Formular (n) ausfüllen.
13) ___ Assistent (m) korrigiert ___ Referate (Pl) ___ Studentinnen (Pl).
14) ___ Leute (Pl) vertrauen ___ Politiker_ (Pl) nicht.
15) ___ Studentin (f) liest ___ Zeitschrift (f) ___ Universität (f).

8 Identificaţi genul următoarelor substantive*:

___ Freiheit, ___ Tourist, ___ Musik, ___ Parlament, ___ Kaffee, ___ Organismus, ___ Student, ___ Schülerin, ___ Honig, ___ Energie, ___ Rose, ___ Programm, ___ Garage, ___ Aspirin, ___ Bilanz, ___ Lesen, ___ Stein, ___ Doktor, ___ März, ___ Laborant, ___ Stipendiat, ___ Apartment, ___ Klima, ___ Silber, ___ Wein, ___ Freundschaft, ___ Winter, ___ Universität, ___ Gebirge, ___ Bier, ___ Natur, ___ Konkurrenz, ___ Altertum, ___ Schneeglöckchen, ___ Café, ___ Bronchitis, ___ Basalt, ___ Ballade, ___ Quartett, ___ Norden, ___ Grafiker, ___ Aktionär, ___ Sturm, ___ Montag, ___ Leben, ___ Teppich, ___ Toleranz, ___ Doktorand, ___ Partei, ___ Familie, ___ Fräulein, ___ Datum, ___ Wohnung, ___ Studium, ___ Thema, ___ Lehrling, ___ Labor, ___ Schnee, ___ Wahrheit, ___ Freundin, ___ Schema, ___ Benzin, ___ Nation, ___ Geologe, ___ Bäckerei, ___ Mädchen, ___ Wind, ___ Idee, ___ Diamant, ___ Patient, ___ Fünftel, ___ Kollege.

---

* A se vedea genul substantivului în Orlando Balaş, *Limba germană. Simplu şi eficient*, Polirom, Iaşi, pp. 318-321.

Articolul nehotărît

Articolul nehotărît nu are forme de plural. În funcţie de genul şi cazul substantivului pe care îl determină, articolul nehotărît are următoarele forme:

	Masculin	Feminin	Neutru
N	***ein***	***eine***	***ein***
G	***eines***	***einer***	***eines***
D	***einem***	***einer***	***einem***
A	***einen***	***eine***	***ein***

9 Completaţi cu articolul nehotărît la cazul nominativ:

1) Das ist _______ Haus (n).
2) Das ist _______ Wohnung (f).
3) Das ist _______ Flur (m).
4) Das ist _______ Zimmer (n).
5) Das ist _______ Tisch (m).
6) Das ist _______ Lampe (f).
7) Das ist _______ Stuhl (m).
8) Das ist _______ Bett (n).
9) Das ist _______ Schrank (m).
10) Das ist _______ Küche (f).
11) Das ist _______ Glas (n).
12) Das ist _______ Flasche (f).
13) Das ist _______ Teller (m).
14) Das ist _______ Messer (n).
15) Das ist _______ Gabel (f).
16) Das ist _______ Löffel (m).
17) Das ist _______Pfanne (f).
18) Das ist _______ Topf (m).

10 Înlocuiţi articolul hotărît cu articolul nehotărît corespunzător:

1) der Mensch ⇒ _______ Mensch
2) das Kind ⇒ _______ Kind
3) den Tisch ⇒ _______ Tisch
4) dem Haus ⇒ _______ Haus
5) des Mannes ⇒ _______ Mannes
6) der Frau ⇒ _______ Frau
7) den Hund ⇒ _______ Hund
8) die Blume ⇒ _______ Blume
9) das Mädchen ⇒ _______ Mädchen
10) der Computer ⇒ _______ Computer
11) die Studentin ⇒ _______ Studentin
12) des Doktors ⇒ _______ Doktors
13) der Ärztin ⇒ _______ Ärztin
14) dem Freund ⇒ _______ Freund
15) die Fahrkarte ⇒ _______ Fahrkarte
16) den Verkäufer ⇒ _______ Verkäufer

11 Treceţi substantivul din paranteză la cazul genitiv, cu articol nehotărît:

1) Das Fahrrad ____________________ steht vor dem Haus. (der Besucher, s)
2) Der Vortrag ____________________ weckt unser Interesse. (die Professorin)
3) Der Mechaniker repariert den Motor ____________________. (das Auto, s)
4) Die Lehrerin korrigiert den Aufsatz ____________________. (der Schüler, s)
5) Der Professor beantwortet die Frage ____________________. (der Student, en)
6) Wir erwarten den Besuch ____________________. (die Tante)
7) Die Ärztin spricht mit den Eltern ____________________. (das Kind, es)
8) Der Computer ____________________ ist kaputt. (der Kollege, n)
9) Er liest die E-Mail ____________________. (die Freundin)
10) Wir hören das Singen ____________________. (das Mädchen, s)
11) Er beobachtet den Flug ____________________. (die Schwalbe)
12) Während ____________________ machen wir kurze Pausen. (der Ausflug, s)

12 Treceţi substantivul din paranteză la cazul dativ, cu articol nehotărît:

1) Sie erzählt ____________________ von ihrer Reise. (der Freund)
2) Wir machen ____________________ ein Geschenk. (die Kollegin)
3) Er gratuliert ____________________ zum Geburtstag. (der Kollege, n)
4) Der Lehrer erklärt ____________________ die Aufgabe. (das Mädchen)
5) Der Chef gibt ____________________ eine Anweisung. (der Arbeiter)
6) Der Verkäufer hilft ____________________ beim Gepäck. (die Dame)
7) Der Assistent antwortet ____________________. (der Student, en)
8) Der Parkplatz gehört ____________________. (die Firma)
9) Der Kellner empfiehlt ____________________ ein Dessert. (der Gast)
10) Sie träumt von ____________________ nach Paris. (der Ausflug)
11) Der Polizist zeigt ____________________ den Weg. (das Kind)
12) Ich gehe heute zu ____________________. (die Freundin)
13) Er fragt mich nach ____________________. (die Adresse)

13 Treceți substantivul din paranteză la cazul acuzativ, cu articol nehotărît:

1) Am Vormittag besichtigen wir _________________. (der Dom)
2) Am Nachmittag besichtigen wir _________________ . (die Kirche)
3) Morgen besichtigen wir ____________________. (das Kloster)
4) Hier pflanzen wir ____________________. (der Baum)
5) Das Baby ist ____________________ alt. (der Monat)
6) Wir kaufen ____________________ Weißwein. (die Flasche)
7) Nächste Woche machen wir ____________________ . (der Ausflug)
8) Ich esse _____________________ mit Pommes frites. (der Schweinebraten)
9) Er isst _____________________ mit Kartoffelsalat. (das Wiener Schnitzel)
10) Am Abend sehen wir ____________________ . (der Film)
11) Ich möchte ________________ und ______________ . (die Pizza, das Bier)
12) Ich lese _________________ von meinem Freund. (der Brief)
13) Wir möchten ________________________ mit Bad. (das Doppelzimmer)
14) Der Schüler liest _______________________ . (die Erzählung)
15) Die Studentin liest ______________________ . (der Roman)
16) Er bestellt _________________ . (das Taxi)
17) Sie hat ______________________ . (der Bruder)
18) Ich muss _____________________ ausfüllen. (das Formular)
19) Sie besucht heute ____________________ . (der Freund)
20) Sie machen ____________________ nach Deutschland. (die Reise)

14 Înlocuiți articolul nehotărît cu articolul hotărît corespunzător:

1) einen Freund ⇒ ______ Freund
2) einem Mann ⇒ ______ Mann
3) ein Junge ⇒ ______ Junge
4) einer Frau ⇒ ______ Frau
5) eine Rose ⇒ ______ Rose
6) einem Studenten ⇒ ______ Studenten
7) eines Mädchens ⇒ ______ Mädchens
8) einen Kollegen ⇒ ______ Kollegen
9) eines Menschen ⇒ ______ Menschen
10) ein Kind ⇒ ______ Kind

15 Completaţi doar acolo unde este necesar cu articolul hotărît sau nehotărît la forma corespunzătoare:

1) Mein Gast ist _______ Deutscher. Er kommt aus _______ München.
2) Rita heiratet ______ Deutschen. Er kann gut ______ Englisch.
3) _______ Österreicher trinken meistens _______ Bier und _______ Wein.
4) Sie bestellt _______ Pizza Quatro Stagioni und _______ Bier.
5) ______ Deutsche gewinnt ______ ersten Preis.
6) Er ist _______ Deutschlehrer, sie ist _______ Ärztin.
7) ______ Kellner bringt ______ Gast ______ Speisekarte.
8) _______ Kellnerin empfiehlt _______ Gästen _______ Murfatlar.
9) _______ Gäste geben _______ Kellnerin _______ Trinkgeld.
10) _______ Student lernt _______ Französisch. Er macht _______ Fortschritte.
11) _______ Bundesrepublik Deutschland ist _______ Bundesstaat.
12) _______ Eltern trinken _______ Kaffee, _______ Kind _______ Tee.
13) Alex ist _______ Ingenieur. Er ist _______ guter Ingenieur.
14) Michael hat _______ Urlaub. Er fährt in _______ Alpen.
15) Ulrike studiert in _______ Rom. Sie möchte _______ Italienisch lernen.
16) _______ Lehrerin empfiehlt _______ Schülern _______ Bücher.
17) _______ Apartment kostet weniger als _______ Wohnung.
18) _______ Reisenden warten auf _______ Zug.
19) _______ Zug kommt ohne _______ Verspätung.
20) _______ Schüler lesen _______ Gedicht von _______ J.W. Goethe.
21) _______ Patientin dankt _______ Arzt für _______ Behandlung.
22) Gudrun bleibt in _______ Griechenland bis _______ Ende _______ August.
23) Zum Frühstück isst er _______ Würstchen und trinkt _______ Apfelsaft.
24) _______ Apfelsaft schmeckt _______ Kind gut.
25) „Habt ihr _______ Kinder?“ „Ja, wir haben _______ Sohn.“
26) _______ Touristen besichtigen _______ Sehenswürdigkeiten _______ Stadt.
27) _______ Rumänien der 20er Jahre war _______ Agrarland.

Pronumele

Pronumele personal

Pronumele personal nu are forme de genitiv. În locul acestora, în tabelul de mai jos sînt prezentate rădăcinile pronumelui posesiv. În funcţie de persoană, număr, caz şi gen (la persoana a III-a singular), pronumele personal are următoarele forme:

Sg	Pers. I	Pers. a II-a	Pers. a III-a masculin	Pers. a III-a feminin	Pers. a III-a neutru
N	***ich***	***du***	***er***	***sie***	***es***
Pos	***mein-***	***dein-***	***sein-***	***ihr-***	***sein-***
D	***mir***	***dir***	***ihm***	***ihr***	***ihm***
A	***mich***	***dich***	***ihn***	***sie***	***es***

Pl	Pers. I	Pers. a II-a	Pers. a III-a	Politeţe
N	***wir***	***ihr***	***sie***	***Sie***
Pos	***unser-***	***euer-***	***ihr-***	***Ihr-***
D	***uns***	***euch***	***ihnen***	***Ihnen***
A	***uns***	***euch***	***sie***	***Sie***

1 Completaţi cu formele de nominativ ale pronumelor personale adecvate:

1) Wir haben *einen kleinen Hund.* _____ ist noch sehr schüchtern.

2) Der Direktor ruft *uns* zu sich. ______ sollen sofort zu ihm gehen.

3) Der Zöllner bittet *mich*, den Koffer zu öffnen. ______ mache den Koffer auf.

4) *Du und dein Bruder* könnt eine Pause machen. ______ seid schon müde.

5) *Alex und Andrea* kommen zu Besuch. ______ bringen eine Flasche Wein mit.

6) Er ist unser neuer Kollege. Kennst ______ ihn schon?

7) Kauf dir doch *jenes Hemd*! ______ steht dir besonders gut.

8) Ich wollte mir *jene Stereoanlage* kaufen. ______ ist aber zu teuer.

9) Suchst du *den Kuli*? ______ liegt auf dem Tisch.

10) Albert ist in *Karla* verliebt, ______ liebt ihn aber nicht.

11) *Karla und Hanna* lernen Italienisch. ______ möchten in Rom studieren.

2 Completaţi cu formele de dativ ale pronumelui personal din paranteză:

1) Georg leiht ________ sein Auto bis morgen. (ich)

2) Sie sagt ______ die Wahrheit. (du)

3) Seine Tochter ähnelt ________ sehr. (er)

4) Mario schenkt ________ eine Schachtel Pralinen. (sie, Sg)

5) Die Oma kauft ________ eine Zuckerwatte. (es – das Kind)

6) Uwe zeigt ________ ein paar Kartentricks. (wir)

7) Wie gefällt ______ das Hotel? (ihr)

8) Er dankt ________ für die Erklärungen. (sie, Pl)

9) Kann ich ________ helfen? (Sie)

10) Meine Freunde fehlen ________ sehr. (ich)

11) Die neuen Nachbarn gehen______ auf die Nerven. (sie, Pl)

12) Dank ________ ist sie jetzt eine gute Lehrerin. (du)

13) ________ gegenüber ist Arno besonders freundlich. (wir)

14) Wir helfen ______ gern. (sie, Pl)

15) Wann sprichst du mit ______ ? (sie, Sg)

16) Heute Abend essen wir bei ________ . (er)

17) Ich gebe ______ mein Wörterbuch bis morgen. (ihr)

18) Morgen kommt er zu ________ . (ich)

3 Completaţi cu prepoziţiile *bei*, *dank*, *gegenüber*, *mit*, *nach*, *von* sau *zu*. Treceţi pronumele din paranteză la cazul dativ.

1) Frau Weber fragt mich oft ________ ________. (Sie)

2) Er möchte ________ ________ einen Vertrag nach deutschem Recht schließen. (du)

3) Heute lernen wir ________ ________. (sie, Sg)

4) Nach dem Essen gehen wir ________ ________. (ihr)

5) In den nächsten Tagen erhalten Sie einen Brief ________ ________. (wir)

6) ________ ________ ist er immer sehr höflich. (ich)

7) ________ ________ bin ich jetzt so wie ich bin. (er)

4 Completaţi cu formele de acuzativ ale pronumelui personal din paranteză:

1) Er besucht ________ ziemlich oft. (ich)

2) Ich verstehe ________ nicht. (du)

3) Ich halte ________ für einen guten Freund. (er)

4) Wann rufst du ______ an? (sie, Sg)

5) Wenn mich ein Produkt überzeugt, dann kaufe ich ________ mir. (es)

6) Sie besuchen ______ nächste Woche. (wir)

7) Er sagt, er kennt ________ nicht. (ihr)

8) Der Arzt untersucht ________ gründlich. (sie, Pl)

9) Darf ich ________ etwas fragen? (Sie)

10) Ich warte auf ________ an der Bushaltestelle. (du)

11) Erinnerst du dich noch an ________ ? (er)

12) Was kann ich für ________ tun? (Sie)

13) Bitte rufen Sie ________ später an! (wir)

14) Brauchst du das Fahrrad? Ich gebe ________ dir bis morgen. (es)

15) Sind diese Blumen für ________ ? (ich)

16) Die Schülerinnen stehen um ________. (sie, Sg)

17) Ohne ______ arbeitet sie nicht so gut. (er)

18) Wir haben nichts gegen ________ . (ihr)

**5 Completaţi cu prepoziţiile *durch*, *für*, *gegen*, *ohne* sau *um*.
Treceţi pronumele din paranteză la cazul acuzativ.**

1) Er ist arrogant. Alle Kollegen stimmen ________ ________ . (er)

2) Marion geht ________ ________ zur Apotheke. (wir)

3) Das ist ein schöner Park. Wir wandern gern ________ ________ . (er)

4) Er sagt, er kann ________ ________ nicht leben. (sie)

5) Warum versammeln sich alle Kinder ________ ________ herum? (du)

6) Diese Bücher kaufen wir ________ ________ . (ihr)

7) Sie gehen ________ ________ ins Theater. (ich)

6 Înlocuiţi substantivele cu pronume personale după modelul de mai jos:

Eva zeigt ihren Freundinnen ihren neuen Mantel.
Eva zeigt *ihn* ihren Freundinnen.
Eva zeigt *ihnen* ihren neuen Mantel.
Eva zeigt *ihn ihnen.*

1) Die Oma liest dem Enkel ein Märchen vor.

Die Oma liest ________ dem Enkel vor.

Die Oma liest ________ ein Märchen vor.

Die Oma liest ________ ________ vor.

2) Er schenkt seiner Tochter eine Bluse.

Er schenkt ________ seiner Tochter.

Er schenkt ________ eine Bluse.

Er schenkt ________ ________ .

3) Sie erzählt ihrem Freund einen guten Witz.

Sie erzählt ________ ihrem Freund.

Sie erzählt ________ einen guten Witz.

Sie erzählt ________ ________ .

4) Er stellt seinen Freunden sein Haus zur Verfügung.

Er stellt ________ seinen Freunden zur Verfügung.

Er stellt ________ sein Haus zur Verfügung.

Er stellt ________ ________ zur Verfügung.

5) Sie setzt ihrem Kind eine Mütze auf.

Sie setzt ________ ihrem Kind auf.

Sie setzt ________ eine Mütze auf.

Sie setzt ________ ________ auf.

6) Er empfiehlt den Reisenden ein gutes Hotel.

Er empfiehlt ________ den Reisenden.

Er empfiehlt ________ ein gutes Hotel.

Er empfiehlt ________ ________.

7 Înlocuiţi substantivele cu pronume personale după următorul model:

> Stellst du deinen Freunden deine Geliebte vor?
> *Ja, ich stelle sie ihnen vor.*
> *Nein, ich stelle sie ihnen nicht vor.*

1) Rufst du heute deinen Bruder an?

Ja, ich rufe ________ heute an.

Nein, ich rufe ________ heute nicht an.

2) Zeigst du deiner Schwester deinen neuen Hut?

Ja, ich zeige ________ ________ .

Nein, ich zeige ________ ________ nicht.

3) Ähnelt Andrea ihrem Bruder?

Ja, ________ ähnelt ________ .

Nein, ________ ähnelt ________ nicht.

4) Fragt Matthias seine Freundin nach ihrem Bruder?

Ja, ________ fragt ________ nach ________.

Nein, ________ fragt ________ nicht nach ________.

5) Erzählt Maria ihren Freundinnen von ihrem Ehemann?

Ja, ________ erzählt ________ von ________.

Nein, ________ erzählt ________ nicht von ________.

8 Completaţi cu pronumele personal adecvat sau cu pronumele reflexiv:

1) Mario hat heute Geburtstag. Ich schenke ______ ein Buch.
2) Er freut ______ über das Geschenk. Er kauft ______ auch gern Bücher.
3) Anna ist meine Nachbarin. Ich besuche ______ oft.
4) Sie beeilt ________ , damit sie den Zug noch erreicht.
5) Maria kauft ______ eine Bluse. Die Bluse steht ______ sehr gut.
6) Man wäscht ________ die Hände, bevor man ________ zu Tisch setzt.
7) Meine Freunde kommen zu Besuch. Ich zeige ______ die Stadt.
8) Georg und Michael interessieren ______ für Musik und Malerei.

Pronumele şi adjectivul pronominal posesiv

Rădăcinile posesivului (*mein-*, *dein-*, *sein-*, *ihr-*, *unser-*, *euer-* şi *Ihr-*) arată cine este posesorul. *Euer-* pierde *e*-ul neaccentuat atunci cînd primeşte o terminaţie (ex.: *eure Freunde*). În funcţie de genul, numărul şi cazul substantivului pe care îl determină (în faţa căruia stă), adjectivul pronominal posesiv are următoarele terminaţii:

	Masculin	Feminin	Neutru	Plural
N.	*mein*	*mein**e***	*mein*	*mein**e***
G.	*mein**es***	*mein**er***	*mein**es***	*mein**er***
D.	*mein**em***	*mein**er***	*mein**em***	*mein**en***
A.	*mein**en***	*mein**e***	*mein*	*mein**e***

9 Transformaţi următoarele propoziţii după modelul de mai jos:

Wo ist mein Kuli? ⇒ *Dein* Kuli ist hier.

1) Wo sind unsere Sachen? ______________________________

2) Wo ist dein Wörterbuch? ______________________________

3) Wo ist ihre Seminararbeit? ______________________________

4) Wo ist meine Mappe? ______________________________

5) Wo ist Ihr Gepäck? ______________________________

6) Wo sind eure Rucksäcke? ______________________________

10 Înlocuiţi substantivul scris cursiv cu adjectivul pronominal posesiv adecvat:

Das Auto *des Bäckers* steht vor der Bäckerei. ⇒
Sein Auto steht vor der Bäckerei.

1) Die Diplomarbeit *der Studentin* ist interessant.

____

2) Die Eltern *des Kindes* haben ein schönes Haus.

____

3) Der Erfolg *der Kollegen* freut uns sehr.

____

4) Das Verhalten *des Jungen* beunruhigt mich.

____

11 Completaţi cu formele corecte ale adjectivului pronominal posesiv *mein-*:

1) ________ Bruder kocht gern.

2) Die Küche ________ Bruders ist modern eingerichtet.

3) Ich schenke ________ Bruder ein Kochbuch.

4) Ich schätze ________ Bruder sehr.

5) ________ Schwester ist sehr ordentlich.

6) Das Zimmer ________ Schwester ist ordentlich.

7) Ich kaufe ________ Schwester einen Schal.

8) Ich besuche ________ Schwester oft.

9) ________ Kind hat heute Geburtstag.

10) Die Freunde ________ Kindes kommen zu Besuch.

11) Ich mache ________ Kind ein Geschenk.

12) Ich liebe ________ Kind über alles.

13) ________ Geschwister spielen gern im Park.

14) Die Kleider ________ Geschwister sind schmutzig.

15) Ich leihe ________ Geschwistern meinen CD-Player.

16) Ich rufe ________ Geschwister zu Tisch.

12 Completaţi cu cuvintele din paranteză la forma corectă:

1) Ich warte auf ________________ . (mein Bruder)

2) Die Kinder ________________ sind sehr niedlich. (meine Freunde)

3) Der Regenschirm ________________ ist da. (mein Besucher)

4) Ich fahre mit ________________ ins Gebirge. (meine Eltern)

5) Ich ziehe ________________ an. (mein Hemd)

6) Ich kaufe Bücher für ________________ . (mein Sohn)

7) Ich sitze am Tisch neben ________________ . (meine Kollegin)

8) Matthias antwortet ________________ auf die Frage. (mein Vater)

9) Georg ist in ________________ verliebt. (meine Schwester)

13 Completaţi cu formele corecte ale adjectivului pronominal posesiv *dein-*:

1) ________ Freund kann gut Deutsch.
2) ________ Freundin ist sehr nett.
3) ________ Wörterbuch liegt auf dem Tisch.
4) ________ Freunde kommen zu Besuch.
5) Der Beruf ________ Freundes ist sehr interessant.
6) Die Eltern ________ Freundin sind sehr nett.
7) Die Farbe ________ Hemdes gefällt mir.
8) Freut dich der Besuch ________ Freunde?
9) Was schenkst du ________ Freund zum Geburtstag?
10) Hilfst du ________ Freundin bei der Arbeit?
11) Welcher Saft schmeckt ________ Kind?
12) Erzählst du ________ Eltern von deinen Freunden?
13) Du besuchst ________ Freund ziemlich oft.
14) Seit wann kennst du ________ Freundin Michaela?
15) Gibst du mir ________ Fahrrad bis morgen?
16) Ich kenne ________ Freunde seit langem.

14 Completaţi cu cuvintele din paranteză la forma corectă:

1) Wo wartest du auf ________________? (dein Bus)
2) Sprich mal mit ________________ unter vier Augen! (dein Kind)
3) Am Nachmittag gehen wir zu ________________. (deine Schwester)
4) Hilfst du ________________ bei den Hausaufgaben? (deine Geschwister)
5) Das Essen ________________ schmeckt mir sehr gut. (deine Mutter)
6) ________________ sehen sehr jung aus. (deine Eltern)
7) Wie heißt ________________? (dein Deutschlehrer)
8) Lernst du heute bei ________________? (deine Freunde)
9) Das Spielzeug ist für ________________. (dein Kind)

15 Completaţi cu formele corecte ale adjectivului pronominal posesiv *sein-*:

1) ________ Zimmer ist immer unordentlich.
2) Er liest ________ Sohn ein Märchen vor.
3) ________ Kollegen fahren ins Gebirge.
4) Die Tür ________ Zimmers ist auf.
5) ________ Frau ist Englischlehrerin.
6) ________ Sohn hilft ihm beim Aufräumen.
7) Das Zelt ________ Freunde ist kaputt.
8) Er ruft ________ Frau täglich an.
9) Er räumt ________ Zimmer auf.
10) Er holt ________ Sohn von der Schule ab.
11) Kennst du die Eltern ________ Frau?
12) Er leiht ________ Freunden sein Zelt.
13) Er hilft ________ Frau beim Kochen.
14) Er begleitet ________ Freunde zum Bahnhof.
15) Er kauft ________ Kind einen frisch gepressten Orangensaft.
16) Die Klassenlehrerin ________ Sohnes ist sehr streng.

16 Completaţi cu cuvintele din paranteză la forma corectă:

1) Er erzählt __________________ über __________________ . (seine Eltern, seine Reise)
2) Morgen heiratet er __________________ . (seine Geliebte)
3) Er spaziert durch __________________ . (sein Garten)
4) Der Freund __________________ heißt Andrei. (sein Kind)
5) Das Haus __________________ ist sehr alt. (seine Eltern)
6) In __________________ hat er auch Obstbäume. (sein Garten)
7) Ich finde __________________ sehr hübsch. (seine Frau)
8) Er schenkt __________________ einen Gedichtband. (seine Tochter)

17 Completaţi cu formele corecte ale adjectivului pronominal posesiv *ihr-*:

1) ________ Freund ist ein gebildeter Mensch.
2) Das Benehmen ________ Freundes beeindruckt mich.
3) Sie gratuliert ________ Freund zum Studienabschluss.
4) Sie liebt ________ Freund sehr.
5) ________ Tochter hat einen Hund.
6) Der Hund ________ Tochter heißt Leo.
7) Sie schenkt ________ Tochter eine Katze.
8) Sie schickt ________ Tochter schlafen.
9) ________ Mädchen heißt Louise.
10) Der Name ________ Mädchens ist sehr schön.
11) Sie erklärt ________ Mädchen, wie schädlich das Rauchen ist.
12) Sie ruft ________ Mädchen ins Haus.
13) ________ Freundinnen laden sie auf eine Feier ein.
14) Die Einladung ________ Freundinnen freut sie.
15) Sie dankt ________ Freundinnen für die Einladung.
16) Nächste Woche lädt sie ________ Freundinnen zu sich ein.

18 Completaţi cu cuvintele din paranteză la forma corectă:

1) Das ist ____________________. (ihr Vater)
2) Der Hund ____________________ ist ein Jahr alt. (ihre Tochter)
3) Sie wartet auf ____________________. (ihr Mann)
4) Der Anruf ____________________ überrascht mich. (ihr Bruder)
5) Sie wohnt noch bei ____________________. (ihre Eltern)
6) Sie kauft ____________________ ein schönes Hemd. (ihr Sohn)
7) Um halb acht bringt sie ____________________ in die Schule. (ihr Kind)
8) Sie zeigt ____________________ aus Rom ____________________. (ihre Freunde, ihr Garten)

19 Completați cu formele corecte ale adjectivului pronominal posesiv *unser-*:

1) ________ Katze hat graue Augen.
2) Die Augen ________ Katze sind grau.
3) ________ Katze geben wir nie Kuhmilch.
4) Morgen bringen wir ________ Katze zum Tierarzt.
5) ________ Haus liegt am Stadtrand.
6) Wir spielen Fußball im Hof ________ Hauses.
7) In ________ Haus fühlen wir uns am besten.
8) Nächstes Jahr renovieren wir ________ Haus.
9) ________ Eltern wohnen auf dem Lande.
10) Das Dorf ________ Eltern ist malerisch.
11) Wir schreiben ________ Eltern einen Brief.
12) Wir besuchen ________ Eltern regelmäßig.
13) ________ Italienischlehrer kommt aus Italien.
14) Die Familie ________ Italienischlehrers wohnt in Mailand.
15) Wir zeigen ________ Italienischlehrer die Sehenswürdigkeiten der Stadt.
16) Wir laden ________ Italienischlehrer auf einen Ausflug ein.

20 Completați cu cuvintele din paranteză la forma corectă:

1) Wir kaufen dieses Fahrrad für ________________. (unser Kind)
2) Wir fahren mit ________________ ins Gebirge. (unsere Cousine)
3) Wir schenken ________________ einen Atlas. (unser Sohn)
4) Morgen gehen wir zu ________________ Eva. (unsere Freundin)
5) Das ist ________________ Peter. (unser Onkel)
6) ________________ ist Ärztin. (unsere Tante)
7) Wir verbringen viel Zeit in ________________. (unser Garten)
8) Wir warten auf ________________. (unsere Freunde)
9) Das ist die Puppe ________________. (unser Mädchen)

21 Completaţi cu formele corecte ale adjectivului pronominal posesiv *euer-*:

1) ________ Großvater hat eine schöne Wohnung.
2) Die Wohnung ________ Großvaters ist sehr schön.
3) Was schenkt ihr ________ Großvater zum Geburtstag?
4) Wann besucht ihr ________ Großvater?
5) ________ Tochter kann sehr gut Französisch.
6) Die Französischlehrerin ________ Tochter ist eine gute Lehrerin.
7) Sie gibt ________ Tochter wertvolle Hinweise.
8) Ich möchte ________ Tochter kennen lernen.
9) ________ Haus ist sehr gemütlich.
10) Der Preis ________ Hauses ist nicht sehr hoch.
11) In ________ Haus kann man eine Party machen.
12) Wann renoviert ihr ________ Haus?
13) ________ Kinder sind sehr gut erzogen.
14) Die Freunde ________ Kinder sind nett.
15) Lest ihr ________ Kindern Märchen vor?
16) Schickt ihr ________ Kinder ins Ferienlager?

22 Completaţi cu cuvintele din paranteză la forma corectă:

1) Der Hund ____________________ ist sehr intelligent. (eure Freunde)
2) Ihr tut alles für ____________________ . (euer Freund)
3) Fahrt ihr ohne ____________________ ins Gebirge? (eure Tochter)
4) Ist das ____________________ ? (euer Garten)
5) Ich möchte mit ____________________ sprechen. (euer Vater)
6) ____________________ ist sehr schön eingerichtet. (eure Wohnung)
7) Die Einrichtung ____________________ gefällt mir sehr gut. (eure Wohnung)
8) Wir freuen uns auf ____________________ . (euer Besuch)
9) Wann renoviert ihr ____________________ ? (euer Haus)

23 Completați cu adjectivul pronominal posesiv adecvat la cazul nominativ:

1) Die Stadt und ________ Umgebung gefallen uns sehr gut.
2) Georg und ________ Frau kommen morgen zu Besuch.
3) Wir müssen uns beeilen. ________ Bus kommt in 10 Minuten.
4) Wo macht ihr und ______ Freunde Urlaub?
5) Bist du noch nicht fertig? ________ Kameraden warten schon auf dich.
6) Was machen Sie und ______ Mann am Wochenende?
7) Unsere Kinder und ________ Mitschüler machen einen Ausflug.
8) Ich muss jetzt gehen. ________ Taxi ist schon da.

24 Completați cu adjectivul pronominal posesiv din paranteză la cazul genitiv:

1) Sie besucht die Eltern __________ Freundes. (ihr-)
2) Da steht das Fahrrad ________ Schwester. (mein-)
3) Er ist der Fahrer __________ Busses. (unser-)
4) Wie lautet der Name __________ Firma? (euer-)
5) Vielen Dank für die Zusendung __________ Katalogs! (Ihr-)
6) Das Kind freut sich auf den Besuch __________ Klassenlehrerin. (sein-)
7) Wie viel kostet die Reparatur ________ Autos? (euer-)
8) Leider habe ich die Telefonnummer __________ Bruders nicht mehr. (dein-)
9) Wir sind mit der Renovierung __________ Wohnung beschäftigt. (unser-)
10) Mir gefällt das Haus ________ Freunde. (euer-)

25 Treceți substantivul din paranteză la cazul genitiv:

1) Während ________________________ mache ich viele Fotos. (meine Reise)
2) Trotz ________________________ treibt sie täglich Sport. (ihr Alter)
3) Wegen ____________________ kann er nicht einschlafen. (seine Erkältung)
4) Zeit ________________________ war er von der Musik begeistert. (sein Leben)
5) Inmitten _____________________ steht eine Ruine. (unser Garten)

26 Completaţi cu adjectivul pronominal posesiv din paranteză la cazul dativ:

1) Zum Geburtstag schenke ich __________ Bruder eine Fotokamera. (mein-)
2) Der Sänger dankt __________ Familie für ihre Unterstützung. (sein-)
3) Martina erzählt __________ Mitschülerinnen von ihrer Reise. (ihr-)
4) Am Nachmittag helfe ich __________ Schwester beim Aufräumen. (mein-)
5) Wir vertrauen __________ Mitarbeitern und Partnern. (unser-)
6) Martin rät __________ Sohn zum Studium. (sein-)
7) Erzählst du __________ Freunden von __________ Reise? (dein-)
8) Was schenkt ihr __________ Freundin zum Geburtstag? (euer-)
9) Viele Frauen heiraten Männer, die __________ Vätern ähneln. (ihr-)
10) Georg verspricht __________ Sohn eine Reise in die Alpen. (sein-)
11) Aus dem Urlaub schicke ich __________ Freunden Postkarten. (mein-)
12) Wir danken __________ Reiseleiter für den gelungenen Ausflug. (unser-)
13) Ich finde, ihr gebt __________ Kindern alles, was sie brauchen. (euer-)
14) Sie gibt ________ Vater einen Regenschirm. (ihr-)

27 Treceţi substantivul din paranteză la cazul dativ:

1) Er sitzt den ganzen Abend neben ________________________ . (seine Freundin)
2) ________________________ gegenüber ist sie immer höflich. (ihre Eltern)
3) Warum sprecht ihr nur mit ________________________ ? (eure Landsleute)
4) Uwe kommt aus ________________________ und grüßt freundlich. (sein Zimmer)
5) Heute Abend esse ich bei ________________________ . (meine Freundin)
6) Wann fahrt ihr zu ________________________ nach Prag? (eure Verwandten)
7) Georg fragt mich nach ________________________. (deine Adresse)
8) Sie liest den Brief von ________________________. (ihr Freund)
9) Die Straßenbahn fährt an ________________________ vorbei. (mein Haus)
10) Entgegen ________________________ ist das Publikum sehr begeistert von ________________________ . (unsere Erwartungen, seine Romane)

28 Completaţi cu adjectivul pronominal posesiv din paranteză la cazul acuzativ:

1) Nächstes Jahr renovieren wir __________ Haus. (unser-)

2) Wem gibst du __________ Kuli? (dein-)

3) Ladet __________ Freunde zu einem Picknick ein! (euer-)

4) Gib mir bitte ________ Wörterbuch zurück! (mein-)

5) Kennst du __________ Mann persönlich? (ihr-)

6) Wir bitten __________ Kollegen (Sg) um Hilfe. (unser-)

7) Um 14 Uhr holt er __________ Bruder am Bahnhof ab. (sein-)

8) Lassen Sie __________ Koffer nie aus den Augen! (Ihr-)

9) Wenn du willst, kannst du __________ Computer benutzen. (mein-)

10) Er besucht __________ Eltern ziemlich oft. (sein-)

11) Wir lesen gerade __________ Brief. (euer-)

12) Ich möchte dich und __________ Schwester um einen Gefallen bitten. (dein-)

13) Wir müssen noch __________ Freund Michael anrufen. (unser-)

14) Sie liebt ________ Kind sehr. (ihr-)

29 Treceţi substantivul din paranteză la cazul acuzativ:

1) Christoph ist für ________________________ ziemlich klein. (sein Alter)

2) Sie geht auf die Party ohne _________________________. (ihr Freund)

3) Wir spazieren durch ____________________. (unser Garten)

4) Ihr müsst noch auf _________________________ warten. (euer Kollege, n)

5) Du erinnerst mich an _________________________. (deine Schwester)

6) Du hast keine Argumente gegen ______________________. (unser Vorschlag)

7) Nach dem Essen geht sie in ________________________. (ihr Zimmer)

8) Ich freue mich sehr über ________________________. (sein Brief)

9) Er stellt sich neben ________________________ Georg. (sein Freund)

10) Sie setzt sich zwischen ____________________ und __________________. (ihr Mann, ihr Kind)

Folosit pronominal, adică fără substantiv, posesivul primeşte la nominativ masculin terminaţia *-er*, iar la nominativ şi acuzativ neutru terminaţia *-(e)s*.

30 Răspundeţi folosind adjectivul pronomimal negativ *kein*:

> Ist das dein Hund? ⇒ Ja, das ist *meiner*.
> Ist das der Kuli deiner Schwester? ⇒ Ja, das ist *ihrer*.

1) Ist das euer Haus? Ja, das ist ____________ .

2) Sind das deine Sachen? Ja, das sind ____________ .

3) Ist das dein Computer? ____

4) Ist das die Frau deines Bruders? __________________________________

5) Ist das der Freund unserer Sekretärin? ____________________________

6) Ist das sein Wörterbuch? _______________________________________

7) Ist das das Zimmer deiner Schwester? _____________________________

8) Ist das dein Haustürschlüssel? ___________________________________

9) Ist das Ihr Gepäck? ____

10) Ist das der Mantel deiner Kollegin? ______________________________

31 Completaţi cu terminaţia adecvată:

1) Mein Gepäck ist hier, dein___ ist dort.

2) Du kannst meinen Computer benutzen, wenn dein___ kaputt ist.

3) Ihr Vater ist Ingenieur, sein___ (ist) Zahnarzt.

4) Sein Zimmer ist ein bisschen größer als ihr___ .

5) Habt ihr einen Regenschirm dabei? Unser___ haben wir zu Hause vergessen.

6) Kannst du mir dein Fahrrad leihen? Mein___ hat einen Platten.

7) Ich schreibe lieber mit meinem Kuli als mit dein___ .

8) Unser Deutschlehrer ist jünger als eur___ .

9) Dein Pullover gefällt mir besser als sein___ .

10) Hast du einen Taschenrechner? Mein___ ist kaputt.

11) Wenn du ein Wörterbuch brauchst, kannst du mein___ benutzen.

12) Glauben Sie mir, das ist in Ihr___ Interesse!

Pronumele şi adjectivul pronominal negativ

Adjectivul pronominal negativ ***kein-*** = *nici un, nici o* are aceleaşi terminaţii ca şi adjectivul pronominal posesiv. Pronumele negativ (folosit fără substantiv) primeşte la nominativ masculin terminaţia *-er*, iar la nominativ şi acuzativ neutru terminaţia *-(e)s*.

32 Răspundeţi folosind adjectivul pronominal negativ *kein*:

Hat er (viele) Freunde in Berlin? ⇒ Nein, er hat *keine* Freunde in Berlin.

1) Hat sie Geschwister? Nein, sie hat __________ Geschwister.

2) Hat er ein schönes Haus? Nein, er hat __________ schönes Haus.

3) Hat das Kind Hunger? ______________________________________

4) Liest er viele Zeitschriften? ______________________________________

5) Hat sie Geduld mit ihm? ______________________________________

6) Habt ihr Durst? ______________________________________

7) Hast du Lust auf ein Bier? ______________________________________

8) Findet er einen Parkplatz? ______________________________________

33 Completaţi cu terminaţia adecvată (doar acolo unde este necesar):

1) Kein___ von uns weiß, wie die Welt von morgen aussehen wird.

2) Mit dem Medizinstudium hat sie kein___ Erfolg.

3) „Hast du ein___ Kuli?“ „Nein, ich habe leider auch kein___ .“

4) Früher waren hier viele Fabriken. Jetzt ist kein___ mehr da.

5) In Rom hat sie viele Freunde, in Mailand kein___ .

6) Jeder von ihnen hat ein Auto, nur Matthias hat noch kein___ .

7) Er erwartet von euch Antworten auf seine Fragen, bekommt aber kein___ .

8) Sie erklärt den Schülern die Lektion, aber kein___ versteht etwas.

9) Sie will mit kein___ von ihnen zu tun haben.

10) Sein neuer Film weckt kein___ Interesse.

11) Das sollst du auf kein___ Fall tun!

12) Maria liest kein__ Buch.

Pronumele nehotărît einer

	Masculin	Feminin	Neutru
N	***einer***	***eine***	***ein(e)s***
G	***eines***	***einer***	***eines***
D	***einem***	***einer***	***einem***
A	***einen***	***eine***	***ein(e)s***

34 Completaţi cu pronumele *einer* la forma adecvată:

1) Fast alle Gäste sind rechtzeitig gekommen, nur __________ hat sich verspätet.
2) „Ich suche ein deutsch-rumänisches Wörterbuch." „Hier ist __________ ."
3) Die Pfirsiche schmecken mir sehr gut. Kann ich noch __________ haben?
4) Wir möchten ein Doppelzimmer mit Bad, aber nicht __________ zur Straße.
5) Sie lädt __________ ihrer Kolleginnen zu ihrer Geburtstagsfeier ein.
6) Er spricht mit __________ von ihnen.
7) Obwohl sie schon ein Auto hat, kauft sie sich noch __________.
8) Wir warten noch auf __________ unserer Kollegen.

35 Răspundeţi folosind pronumele nehotărît *einer* sau pronumele negativ *keiner*:

Habt ihr ein Auto? ⇒ *Ja, wir haben eins. / Nein, wir haben keins.*

1) Hast du einen Bruder?

____

2) Hat er ein Fahrrad?

____

3) Hast du eine Telefonkarte?

____

4) Hast du ein deutsch-rumänisches Wörterbuch?

____

5) Haben Sie einen Bleistift?

____

Pronumele nehotărît **man**

36 Reformulaţi propoziţiile următoare folosind pronumele *man* ca subiect:

Hier rauchen *die Leute* nicht. ⇒
Hier raucht *man* nicht.

1) Ohne Arbeit kommst *du* nicht weit.

____

2) *Wir* sollen immer die Wahrheit sagen.

____

3) In der Bibliothek dürfen *wir* nur leise sprechen.

____

4) *Wir* müssen auf die Aussprache achten.

____

5) *Du* kannst nicht über *deinen* Schatten springen.

____

6) In Siebenbürgen sprechen *die Leute* Rumänisch, Ungarisch und Deutsch.

____

7) *Du* sollst *deine* Mitmenschen behandeln, wie *du* selbst behandelt werden willst.

____

37 Completaţi cu *man* sau cu formele *einem* (dativ) ori *einen* (acuzativ):

1) Wenn ________ etwas verspricht, muss ________ das auch halten.

2) ________ sollte danken, wenn __________ geholfen wird.

3) Hier gibt ________ __________ jede gewünschte Information.

4) Er geht an __________ vorbei, als ob er ________ nicht mehr erkennen würde.

5) Ein deutsches Sprichwort sagt: „ ________ ist, was ________ isst".

6) Wenn ________ __________ liebt, ist die Schönheit nicht so wichtig.

7) ________ freut sich, wenn __________ etwas gelingt.

8) Dieses miese Wetter kann __________ wirklich ärgern.

Pronumele şi adjectivul pronominal nehotărît jeder

Forma de plural a pronumelui şi adjectivului ***jeder*** = *fiecare* este ***alle*** = *toţi, toate.*

	Masculin	Feminin	Neutru	Plural
N	***jeder***	***jede***	***jedes***	***alle***
G	***jedes***	***jeder***	***jedes***	***aller***
D	***jedem***	***jeder***	***jedem***	***allen***
A	***jeden***	***jede***	***jedes***	***alle***

38 Completaţi cu *jeder / alle* la forma adecvată:

1) __________ Frau hat ihre eigenen Bedürfnisse.

2) __________ Mitglied eines Verbands muss den Mitgliedsbeitrag zahlen.

3) __________ Mensch ist einmalig und deshalb anders als die anderen.

4) __________ Menschen sind vor dem Gesetz gleich.

5) Das Leben __________ Menschen (Sg) ist wichtig.

6) Man kontrolliert das Blut anlässlich ________ Blutspende.

7) Der Marktplatz ist das Zentrum __________ Stadt und __________ Dorfes.

8) Hier findet man die Namen __________ Gewinner des Wettbewerbs.

9) Der Professor gratuliert __________ Kandidatin zur bestandenen Prüfung.

10) Die Veranstalter wünschen __________ Teilnehmer viel Erfolg.

11) Die Lehrerin hilft __________ Kind, seine Sachen zu packen.

12) Er erzählt uns __________ von seiner Familie.

13) Kennst du __________ deine Kolleginnen und Kollegen?

14) Wir treffen uns fast __________ Tag.

15) Er macht __________ Jahr eine längere Reise.

16) Er besucht seine Eltern __________ zweite Woche.

17) Die Prämie kannst du auf __________ Fall behalten.

18) Man kann nicht __________ gefallen.

19) Sein Geheimnis will er um __________ Preis hüten.

20) Er tut das bei __________ Gelegenheit.

39 Treceţi următoarele propoziţii la singular:

1) Alle Studenten lernen für ihre Prüfungen.

___

2) Kennt ihr alle Mitglieder eures Vereins?

___

3) Diese Regelungen gelten für alle Studenten der Humanmedizin.

___

4) Die Gastgeber verabschieden sich von allen Gästen.

___

5) Alle Menschen haben das Recht auf die freie Entfaltung ihrer Persönlichkeiten.

___

Pronumele şi adjectivul pronominal nehotărît **aller, alle, all(es)**

	Masculin	Feminin	Neutru
N	***aller***	***alle***	***all(es)***
D	***allem***	***aller***	***allem***
A	***allen***	***alle***	***all(es)***

40 Completaţi cu adjectivul sau pronumele *aller* la forma adecvată:

1) __________ Anfang ist schwer.

2) Wir wünschen Ihnen __________ Gute zum Geburtstag!

3) Ich empfehle dir dieses Buch mit ________ Überzeugung.

4) Das __________ sagst du mir erst jetzt?

5) __________ Welt weiß, dass Rauchen schädlich ist.

6) Die italienische Küche ist in __________ Welt bekannt.

7) Am Abend sprechen wir über __________, was dich bewegt.

8) „Servus“ ist vor ________ unter Freunden und guten Bekannten üblich.

9) Nach __________ , was passiert ist, wäre das ein Wunder.

10) Er zieht __________ Aufmerksamkeit auf sich.

Alte pronume şi adjective pronominale nehotărîte

jemand = *cineva* şi ***niemand*** = *nimeni* au doar forme de singular.
einige = *cîţiva*, ***wenige*** = *puţini*, ***viele*** = *mulţi* şi ***mehrere*** = *mai mulţi* au doar forme de plural.

N	***jemand***	***niemand***	***einige***	***wenige***	***viele***	***mehrere***
G	***jemandes***	***niemandes***	***einiger***	***weniger***	***vieler***	***mehrerer***
D	***jemand(em)***	***niemand(em)***	***einigen***	***wenigen***	***vielen***	***mehreren***
A	***jemand(en)***	***niemand(en)***	***einige***	***wenige***	***viele***	***mehrere***

41 Completaţi cu *jemand* sau *niemand* la forma adecvată:

1) Hast du _______________ davon erzählt?

2) Ich soll noch _______________ anrufen.

3) Hat _______________ nach uns gefragt?

4) Nein, _______________ hat nach euch gefragt.

5) Dort habe ich gar _______________ aus unserer Gruppe gesehen.

6) Er will mit _______________ mehr darüber reden.

7) Kommt _______________ ins Kino mit?

42 Completaţi cu terminaţia corectă:

1) An dieser Universität studieren viel___ Ausländer.

2) Das habe ich von mehrer___ Kollegen gehört.

3) In Deutschland und Österreich habe ich einig___ sehr gute Freunde.

4) Hier wohnen nur wenig___ Menschen und es gibt nicht viel___ Häuser.

5) Er ist nicht allein gekommen, sondern mit einig___ Freunden.

6) Er hat hier viel___ Bekannte, aber vertraut nur wenig___ von ihnen.

7) In Köln möchten wir mehrer___ Tage bleiben.

8) Der technische Fortschritt verändert das Leben viel___ Menschen.

9) Ohne gewisse Ordnung ist das Zusammenleben mehrer___ Menschen unter einem Dach nicht möglich.

Pronumele şi adjectivul pronominal relativ

	Masculin	Feminin	Neutru	Plural
N	***der*** = *care*	***die*** = *care*	***das*** = *care*	***die*** = *care*
Pos	***dessen*** = *al, a, ai, ale cărui*	***deren*** = *al, a, ai, ale cărei*	***dessen*** = *al, a, ai, ale cărui*	***deren*** = *al, a, ai, ale căror*
D	***dem*** = *căruia*	***der*** = *căreia*	***dem*** = *căruia*	***denen*** = *cărora*
A	***den*** = *pe care*	***die*** = *pe care*	***das*** = *pe care*	***die*** = *pe care*

Pronumele relativ ***der***, ***die***, ***das*** – a nu se confunda cu articolul hotărît – are genul şi numărul substantivului la care se referă (din propoziţia anterioară) şi cazul cerut de funcţia pe care o are în propoziţia pe care o introduce.

Ex.: *Der Mann,* ***den*** *du da siehst, ist mein Kollege.*

Den este masculin singular, la fel ca substantivul la care se referă („der Mann"), şi la cazul acuzativ, pentru că este complement direct în propoziţia „den du da siehst".

43 Transformaţi propoziţia a doua într-o propoziţie atributivă introdusă de pronumele relativ *der*, *die*, *das* (cu sau fără prepoziţie):

> Der Kollege verspätet sich. Wir warten *auf ihn / auf den Kollegen.* ⇒
> Der Kollege, *auf den* wir warten, verspätet sich.

1) Meine Freundin wohnt auf dem Lande. Du hast *sie* gerade kennen gelernt.

Meine Freundin, ________ du gerade kennen gelernt hast, wohnt auf dem Lande.

2) Die Freunde aus Köln haben uns geantwortet. Wir haben *ihnen* geschrieben.

Die Freunde aus Köln, __________ wir geschrieben haben, ______________.

3) Mein Freund war begeistert. Ich habe *meinem Freund* davon erzählt.

____

4) Mir gefällt das Haus. Er hat sich *das Haus* voriges Jahr gekauft.

____

5) Er möchte jene Kommilitonin heiraten. Er hat sich *in sie* verliebt.

____

6) Der Kollege ist sehr unordentlich. Ich teile *mit ihm* das Arbeitszimmer.

____

7) Die Bekannten haben ein schönes Haus. Ich habe dir *von ihnen* erzählt.

____

44 Transformaţi propoziţia a doua într-o propoziţie atributivă introdusă de adjectivul pronominal relativ *dessen* sau *deren* (cu sau fără prepoziţie):

1) Unsere Freundin ist sehr nett. *Ihre* Eltern wohnen auf dem Lande.

Unsere Freundin, __________ Eltern auf dem Lande wohnen, ______________.

2) Der Freund meldet sich nicht mehr. Er wartet auf die Antwort *seines Freundes.*

Der Freund, auf __________ Antwort er wartet, _________________________.

3) Lutz Rathenow ist ein Satiriker. Ich lese *seine* Bücher sehr gern.

____

4) Wir gehen zu einer Freundin. Das Kind *der Freundin* hat Geburtstag.

____

45 Completaţi cu pronumele sau adjectivul pronominal relativ adecvat:

1) Der Mann, __________ uns gerade gegrüßt hat, ist unser neuer Buchhalter.
2) Das Buch, __________ er liest, habe ich auch gelesen.
3) Kennst du den Kollegen, __________ ich gegrüßt habe?
4) Wo liegt die Wohnung, __________ du besichtigen möchtest?
5) Die Freundin, __________ Bruder in Rom studiert, fährt morgen nach Italien.
6) Der Autor, __________ Buch du gekauft hast, lebt in Berlin.
7) Der alte Mann, __________ er einen Korb mit Obst brachte, ist sein Großvater.
8) Die alte Dame, __________ wir beim Gepäck geholfen haben, hat uns gedankt.
9) Wir danken allen Freunden, __________ uns dabei unterstützt haben.
10) Die Touristen, __________ wir den Weg gezeigt haben, kommen aus Wien.
11) Die Familien, auf __________ Kinder sie aufpasst, wohnen am Stadtrand.
12) Der Bus, in __________ er eingestiegen ist, ist voll bis zum letzten Platz.
13) Der Wettbewerb, an __________ wir teilnehmen wollten, fand gestern statt.
14) Die Frau, in __________ er sich verliebt hat, ist schon verheiratet.
15) Die Freunde, auf __________ wir warten, kommen mit dem nächsten Zug.
16) Die Freunde, zu __________ wir gehen, haben ihre Wohnung renoviert.

Pronumele şi adjectivul pronominal nehotărît solcher

solcher = *astfel de* se declină la fel ca articolul hotărît. Folosit după articol nehotărît, *solch* se declină ca un adjectiv (ex.: *ein solcher Regen*). În faţa unui articol nehotărît sau adjectiv declinat, *solch* rămîne de obicei nedeclinat (ex.: *solch eine Überraschung*).

46 Completaţi cu terminaţia adecvată (doar acolo unde este necesar):

1) Unser Kollege arbeitet auch mit solch___ Werkzeugen.

2) Sie hat solch___ eine gute Stimme!

3) Die Folgen eines solch___ Sturmes sind kaum vorstellbar.

4) Ich habe solch___ Hunger!

5) Wer ein solch___ Angebot annimmt, ist zu jeder Tat fähig.

6) Bei solch___ Wetter bleibt man lieber zu Hause.

Pronumele şi adjectivul pronominal demonstrativ

Pronumele şi adjectivele demonstrative ***dieser*** = *acesta* şi ***jener*** = *acela* se declină la fel ca articolul hotărît (au terminaţiile de gen, număr şi caz ale acestuia).

47 Completaţi cu terminaţia adecvată (doar acolo unde este necesar):

1) Dies___ Pullover gefällt mir nicht so gut. Jen___ gefällt mir besser.

2) Dies___ Bluse gefällt ihr nicht so gut. Jen___ gefällt ihr besser.

3) Dies___ Hemd gefällt ihm nicht so gut. Jen___ gefällt ihm besser.

4) Dies___ Häuser gefallen mir nicht. Jen___ gefallen mir besser.

5) Dies___ Kuchen schmeckt mir besser als jen___ .

6) Wir sprechen über dies___ und jen___.

7) Der letzte Roman dies___ Autors ist ein großer Erfolg.

8) Die Antwort jen___ Studentin ist nicht zufrieden stellend.

9) Hör auf mit dies___ dummen Fragen!

10) Was erwartest du von dies___ Projekt?

11) Er ruft jen__ Hund zu sich.

12) Sie singen dies__ Lied den ganzen Tag lang.

13) Wann liest du alle dies___ Zeitungen?

În cazul pronumelor şi adjectivelor pronominale demonstrative ***derselbe*** = *acelaşi* şi ***derjenige*** = *acela (care)*, prima parte se declină ca articolul hotărît, iar ultima parte ca un adjectiv precedat de articol hotărît:

	Masculin	Feminin	Neutru	Plural
N	***derselbe***	***dieselbe***	***dasselbe***	***dieselben***
G	***desselben***	***derselben***	***desselben***	***derselben***
D	***demselben***	***derselben***	***demselben***	***denselben***
A	***denselben***	***dieselbe***	***dasselbe***	***dieselben***

48 Completaţi cu *derselbe* la forma adecvată:

1) Er und ich haben lange in ________________ Stadt gewohnt.

2) Jakob und Valerie haben ________________ Mathematiklehrer.

3) In diesem Verzeichnis findet man mehrere Werke ________________ Autors.

4) Wir sind hier aus ________________ Grund wie du.

5) Sie entscheiden sich für ________________ Modell.

6) Martin und Maria sind an ________________ Tag geboren.

7) Nachmittags hat er Unterricht mit ________________ Lehrerin wie vormittags.

8) Viktor hat zweimal ________________ Frau geheiratet.

9) Er stellt immer wieder ________________ Fragen.

10) Warum liest du ________________ Buch noch einmal?

49 Completaţi cu *derjenige* la forma adecvată:

1) Ich muss mit ________________ Studenten sprechen, der mich gesucht hat.

2) ________________, die rauchen, schaden sich selbst und den anderen.

3) Wir warten auf ________________, die den Bus verpasst hat.

4) Er ist ________________, der dir in Mathe helfen kann.

5) Er kauft ________________ Produkt, welches deutlich besser als die anderen ist.

6) Gehören Sie vielleicht zu ________________, die ein neues Haus besitzen?

7) Im Telefonbuch findest du die Nummer ________________, den du suchst.

8) Brunhild wollte nur ________________ heiraten, der ihr überlegen war.

Pronumele demonstrativ ***der***, ***die***, ***das*** are aceleaşi forme ca şi pronumele relativ, dar se foloseşte numai la nominativ, dativ sau acuzativ. El se referă la un substantiv numit deja sau care va fi numit ulterior şi a cărui repetare nu este necesară.
Atunci cînd se face referire la o întreagă propoziţie, se foloseşte pronumele demonstrativ ***das***. Tot ***das*** se foloseşte şi în propoziţiile cu *sein* sau *werden*, chiar dacă substantivul la care acesta se referă este masculin, feminin sau la plural.

50 Completaţi cu pronumele demonstrativ *der*, *die*, *das* la cazul adecvat:

1) „Kennst du diesen Roman?“ „Nein, ________ habe ich nicht gelesen.“

2) „Wartest du noch auf deine Freunde?“ „Ja, ________ müssen gleich kommen.“

3) „Welche Kollegin hat dir all ________ gesagt?“ „ ________ da.“

4) Da kommt endlich unser Freund Michael. ________ verspätet sich immer.

5) Ist ________ eure neue Kollegin?

6) Kauf dir doch die blaue Bluse! ________ steht dir besser.

7) Sie warf ihm viel sagende Blicke zu. ________ versetzte ihn in große Freude.

8) Sie will ________ kennen lernen, der ihr den Rosenstrauß geschickt hat.

9) Ist ________ der Zug nach Hamburg?

10) Unser Garten ist genau so groß wie ________ des Nachbarn.

11) Georgs Zimmer ist kleiner als ________ seiner Geschwister.

12) Ihre Stimme ähnelt ________ ihrer Mutter.

13) Ich schreibe lieber mit meinem Füller als mit ________ meiner Schwester.

14) Der Professor gratuliert ________ , die die Prüfung bestanden haben.

Pronumele demonstrativ ***das*** nu trebuie confundat cu ***es***: ***das*** se referă la ceva ce a fost spus deja, în timp ce ***es*** se referă la o explicaţie sau afirmaţie care urmează.

51 Transformaţi propoziţiile după următorul model:

> *Es genügt ihm nicht*, dass er Deutsch lesen und schreiben kann.
> *Ihm genügt (es) nicht*, dass er Deutsch lesen und schreiben kann.
> Dass er Deutsch lesen und schreiben kann, *(das) genügt ihm nicht.*

1) Es freut mich, dass du die Prüfung mit Erfolg bestanden hast.

____

____

2) Es gefällt mir, dass er sich um seinen kleinen Bruder kümmert.

____

____

3) Es ist unverständlich, warum man überhaupt raucht.

____

____

4) Es ist mir nicht bekannt, ob er studiert hat oder nicht.

____

____

52 Completaţi cu *es* sau *das*:

1) Er wohnt nicht mehr in Wien. Wusstest du ______ ?

2) Er war in sie verliebt, aber er sagte ihr ______ nicht.

3) Mir ist ______ gleichgültig, was er von mir denkt.

4) Was er in seiner Freizeit macht, ______ interessiert mich überhaupt nicht.

5) ______ ist erstaunlich, wie gut er sich auskennt.

6) Dass sie dich nicht gegrüßt hat, ______ kann ich nicht glauben.

7) ______ ist gut zu wissen, dass ______ nicht wahr ist.

Pronumele şi adjectivul pronominal interogativ

Pronumele interogativ ***welches*** = *care* este invariabil. Folosit înaintea unui substantiv, el primeşte aceleaşi terminaţii ca articolul hotărît sau pronumele *dieser*.

53 Completaţi cu *welches* la forma adecvată:

1) ______________ sind deine Lieblingsfarben?
2) ______________ Kollege hat dir das gesagt?
3) Zu ______________ Mitschüler geht er nach dem Unterricht?
4) ______________ ist denn die richtige Lösung für dieses Problem?
5) Mit ______________ Straßenbahn fährst du nach Hause?
6) Auf ______________ Bus wartest du?
7) ______________ Freunde besuchst du heute?
8) Von ______________ Freund weißt du das?
9) ______________ Busse fahren zum Messegelände?
10) ______________ ist der kürzeste Weg von Hamburg nach München?

54 Formulaţi întrebări cu *welches* după următorul model:

Ich lese *den Roman „Dr. Faustus“*. ⇒ *Welchen Roman* liest du?

1) *Moritz Bleibtreu* ist mein Lieblingsschauspieler.

____

2) Sie hat sich *die weiße Bluse mit kurzem Arm* gekauft.

____

3) Wir fahren *mit dem Nachtzug*.

____

4) Meine Schwester ist *in der Klasse 11A*.

____

5) *Der Film „Der Pianist“* wurde 2002 mit der Goldenen Palme ausgezeichnet.

____

Adjectivul pronominal interogativ ***was für ein*** = *ce fel de* are următoarele forme:

	Masculin	Feminin	Neutru	Plural
N	***was für ein***	***was für eine***	***was für ein***	***was für***
G	***was für eines***	***was für einer***	***was für eines***	***was für***
D	***was für einem***	***was für einer***	***was für einem***	***was für***
A	***was für einen***	***was für eine***	***was für ein***	***was für***

55 Completaţi cu *was für ein* la forma adecvată:

1) ____________________ Buch hast du dir gekauft?

2) _________________________ Lehrerin ist Frau Dr. Witzbold?

3) _________________________ Hund habt ihr?

4) _________________________ Zeitungen sind das?

5) _________________________ Mensch ist deine neue Kollegin?

6) Mit _________________________ Auto fahren wir nach Berlin?

7) Von _________________________ Reise sprecht ihr da?

8) _________________________ Eltern hat sie?

9) In _________________________ Stadt möchtest du leben?

10) An _________________________ Buch schreibt er?

56 Formulaţi întrebări cu *was für ein* după următorul model:

Ich lese gern *Abenteuerbücher.* ⇒ *Was für Bücher* liest du gern?

1) Wir möchten *ein Doppelzimmer mit Bad.*

____

2) Karin trägt heute *einen weißen Pullover.*

____

3) Ich habe mir gestern *eine Lederjacke* gekauft.

____

4) Sie beginnen *mit einer leichteren Aufgabe.*

____

57 Completaţi cu *wer*, *wessen*, *wem*, *wen* sau *was*:

1) __________ hat dir das gesagt?
2) __________ Bücher liegen auf dem Tisch?
3) An __________ denkst du jetzt?
4) Mit __________ Auto fahren wir ins Gebirge?
5) __________ gibst du dieses Paket?
6) Für __________ kaufst du die Bonbons?
7) __________ kann man noch von ihm erwarten?
8) Zu __________ gehst du, wenn du Probleme hast?
9) Auf __________ sollen wir noch warten?
10) __________ soll das heißen?
11) Bei __________ bleibt deine Katze, wenn du im Urlaub bist?
12) __________ bittest du um Hilfe?

58 Completaţi cu pronumele sau adjectivul pronominal interogativ adecvat:

1) „ ____________________ heiratet Roxana?“ „Ihren langjährigen Verlobten.“
2) „Nach ____________________ hat sie dich gefragt?“ „Nach Georg.“
3) „In ____________________ Zimmer lernen wir?“ „In dem meines Bruders.“
4) „Nach ____________________ Buch suchst du?“ „Nach einem Fachbuch.“
5) „Von ____________________ hat sie den Ring?“ „Von ihrem Mann.“
6) „ ____________________ Wörterbuch brauchst du?“ „Ein deutsch-englisches.“
7) „ ____________________ Städte besichtigt ihr?“ „Die Städte am Rhein.“
8) „Auf ____________________ Brief wartet er?“ „Auf einen offiziellen Brief.“
9) „ ____________________ Pullover willst du dir kaufen?“ „Den da.“
10) „ ____________________ Mantel gefällt dir am besten? Dieser oder jener?“
11) „Mit ____________________ arbeitest du zusammen?“ „Mit ihm.“
12) „ ____________________ ist hier denn los?“

59 **Traduceţi în limba germană:**

1) „Pe cine aştepţi?“ „Pe prietenul meu Georg.“

____

2) Îl aştept pe unul dintre ei.

____

3) În această casă locuiesc mulţi studenţi.

____

4) Nu toţi locuiesc în acelaşi apartament.

____

5) Am puţini prieteni în Düsseldorf. În Viena am mai mulţi.

____

6) „Ţi-e sete?“ „Nu, mulţumesc, nu mi-e sete.“

____

7) Ai un telefon mobil? Al meu e din păcate stricat.

____

8) Cu cine aţi dori să vorbiţi?

____

9) Ce fel de computer îţi cumperi?

____

10) Ea le povesteşte tuturor de excursia noastră.

____

11) „Care bluză îţi place?“ „Cea de acolo.“

____

12) Aceştia sînt vecinii noştri. Îi cunoşti pe toţi?

____

13) În Finlanda se vorbeşte finlandeză şi suedeză.

____

14) Aici are fiecare ceva de spus, dar nimeni nu îl ascultă.

____

Adjectivul şi adverbul

1 Transformaţi adjectivele în adverbe după modelul de mai jos:

Er hat ein *schönes* Haus. ⇒ Sein Haus ist *schön*.

1) Er hat eine *heisere* Stimme. ⇒ Seine Stimme ist ____________ .

2) Wir haben einen *kurzen* Ausflug gemacht. ⇒ Der Ausflug war ____________ .

3) Ihr habt ein *dunkles* Zimmer. ⇒ Euer Zimmer ist ____________ .

4) Sie hat eine *rosa* Bluse. ⇒ Ihre Bluse ist ____________ .

5) Die Kirche hat einen *hohen* Turm. ⇒ Der Turm der Kirche ist ____________ .

6) Ich esse einen *sauren* Apfel. ⇒ Der Apfel ist ____________ .

7) Sie trägt ein *teures* Kleid. ⇒ Ihr Kleid ist ____________ .

8) Er hat die *richtige* Antwort gegeben. ⇒ Seine Antwort war ____________ .

9) Sie macht einen *gefährlichen* Versuch. ⇒ Ihr Versuch ist ____________ .

10) Er hat eine *interessante* Arbeit geschrieben. ⇒ Seine Arbeit ist ____________ .

11) Wir trinken einen *guten* Wein. ⇒ Der Wein ist ____________ .

12) Er wirft uns einen *bösen* Blick zu. ⇒ Sein Blick ist ____________ .

2 Transformaţi substantivele în adjective după modelul de mai jos:

Der Graben hat *eine Tiefe* von 3 m. ⇒ Der Graben ist 3 m *tief*.

1) Der Nil hat *eine Länge* von 6671 km.

____

2) Die Betonplatte hat *eine Dicke* von 20 cm.

____

3) Der Eiffel Turm hat *eine Höhe* von 321 m.

____

4) Das Schiff hat *eine Breite* von 27 m.

____

3 Completaţi cu formele de comparativ şi de superlativ ale adverbelor:

1) Otto läuft *schnell.*
Daniel läuft ______________ als Otto, aber __________________ läuft Peter.

2) Pflaumen schmecken mir *gut*. Aprikosen schmecken mir ________________ als Pflaumen, aber Pfirsiche schmecken mir __________________ .

3) Diese Aufgabe ist *schwierig*. Die andere Aufgabe ist ____________ als diese, aber die Aufgabe von gestern war __________________ .

4) Petra liest *viel.*
Raffaela liest ___________ als Petra, aber _________________ liest Ulrike.

5) Ich gehe *gern* ins Konzert. Ins Theater gehe ich ____________ als ins Konzert, aber __________________ gehe ich ins Kino.

4 Completaţi cu forma adecvată a adjectivului sau adverbului din paranteză:

1) Peter ist ziemlich ______________. (groß)
2) Andreas ist genau so ______________ wie Peter. (groß)
3) Andreas und Peter sind ______________ als Ralph. (groß)
4) Georg ist der ______________ Junge in der Klasse. (groß)
5) Martin ist der ______________ von seinen Geschwistern. (alt)
6) Alex ist ______________ als Martin. (jung)
7) Mario ist der ______________ Bruder. (jung)
8) Unser Garten ist nicht so ______________ wie eurer. (groß)
9) Euer Garten ist ______________ als unserer. (groß)
10) Ihr Garten ist am ______________ . (groß)
11) Mein Zimmer ist ______________ als seines. (dunkel)
12) Sein Zimmer ist am ______________ . (dunkel)
13) Ist das Zimmer von André ______________ als das von Georg? (hell)
14) Diese Wohnung ist ______________ als jene. (teuer)
15) Die Wohnung in der Stadtmitte ist am ______________ . (teuer)

5 Completaţi cu terminaţia *-ig*, *-isch* sau *-lich:*

1) Unser Kollege ist immer pünkt_____ .

2) Dieser Text ist ziemlich schwier_____ .

3) Ist diese Prüfung münd_____ oder schrift_____ ?

4) Warum bist du neid_____ auf ihn?

5) Heute ist das Wetter herr_____ .

6) Mir gegenüber benimmt er sich kind_____ .

7) Ihr Gesicht ist noch kind_____ .

8) Auf diesem Treffen ist die Stimmung sehr feier_____ .

9) Seine Liebe für Maria ist immer noch lebend_____ .

10) Dieses Buch ist einfach phantast_____ .

11) Kinder sind sehr neugier_____ .

12) „Ist er mut_____ ?“ „Nein, er ist sehr ängst_____ .“

13) Am Wochenende kochen wir asiat_____ .

14) Er ist fröh_____ , aber alle seine Freunde sind traur_____ .

15) Bist du hungr_____ oder durst_____ ?

16) Irren ist mensch_____ , im Irren verharren ist teufl_____ .

6 Completaţi cu terminaţia *-haft* sau *-sam*:

1) In der Klasse ist er immer aufmerk_____ .

2) Er ist doch nicht ernst_____ erkrankt!

3) Obwohl er viele Freunde hat, fühlt er sich immer ein_____ .

4) Georg arbeitet sehr gewissen_____ .

5) Wenn du lang_____ sprichst, verstehe ich dich gut.

6) Die Aussicht auf die Berge ist einfach märchen_____ .

7) Der Urlaub in Tirol war sehr erhol_____ .

8) Peter ist wohn_____ in München.

9) Alle Angestellten arbeiten gemein_____ an diesem Projekt.

7 Completaţi cu terminaţia *-arm*, *-frei* sau *-los*:

1) Olivenöl ist cholesterin_____ .
2) Obst und Gemüse sind kalorien_____ .
3) Sie spricht Englisch makel_____ .
4) Ihr Englisch ist fehler_____ .
5) Es ist sinn_____ , mit ihm zu diskutieren.
6) Dieses Essen ist vitamin_____ und schmeckt auch nicht gut.
7) Dieser Film ist jugend_____ .
8) Kinder dürfen nur alkohol_____e Getränke trinken.
9) Gegrilltes Fleisch ist fett_____ und schmackhaft.
10) Nach der Ehescheidung war ihr Leben freud_____ .

8 Completaţi cu terminaţia *-voll* sau *-reich*:

1) Sie ist sehr erfolg_____ in ihrem Geschäft.
2) Seine Fortschritte sind eindrucks_____ .
3) Mein Hund ist sehr liebe_____ zu Kindern.
4) Fleisch und Vollmilchprodukte sind kalorien_____ .
5) Sein Beruf ist sehr aussichts_____ .
6) Wasser und Energie zu sparen ist sinn_____ .
7) Natursäfte sind vitamin_____ .
8) Er blickt hoffnungs_____ in die Zukunft.

9 Completaţi cu adjective derivate cu sufixul *-bar*:

1) „Kann man Wasser aus dem Brunnen trinken?" „Ja, es ist _______________ ."
2) Viele Pilze sind nicht _______________ , weil sie giftig sind.
3) Er klopft so leise an der Tür, dass es nicht _______________ ist.
4) Ich übersetze den Text ohne Wörterbuch. Er ist leicht _______________ .
5) Diese Seite kann ich nicht lesen. Sie ist nicht _______________ .

10 Completaţi cu terminaţia *-bar*, *-haft*, *-ig*, *-isch*, *-lich*, *-los* sau *-sam*:

1) Sie lächelt zauber_____ und grüßt uns freund_____ .

2) Er ist zweifel_____ ein aufricht_____er Mensch.

3) Wir denken ernst_____ an einen mög_____en Umzug.

4) Er war immer sehr fleiß_____ und spar_____ .

5) Sei vorsicht_____ ! Das Wasser des Flusses ist nicht trink_____ .

6) Rumänisch ist eine roman_____e Sprache, Deutsch eine german_____e.

7) Chinesisch ist zwar schwier_____ , aber erlern_____ .

8) Die meisten europä_____en Länder sind demokrat_____ .

9) Schreib bitte deut_____er, deine Schrift ist einfach unles_____ !

10) Er ist aufmerk_____ , während seine Mitschüler unruh_____ sind.

11) Erneuer_____e Energien sind umweltfreund_____ .

12) Die jetz_____e Situation war doch vorherseh_____ .

13) Er schreibt eine wissenschaft_____e Arbeit im techn_____en Bereich.

11 Reformulaţi folosind adjective şi adverbe terminate în *-ig* sau *-lich*:

> Wir treffen uns *jeden Tag*. ⇒ Wir treffen uns *täglich*.
> Wir machen einen Ausflug, der *zwei Tage* dauert. ⇒
> Wir machen einen *zweitägigen* Ausflug.

1) Die Mitglieder des Vereins treffen sich *jeden Monat*.

____

2) Die Pressekonferenz des Ministers findet *einmal pro Woche* statt.

____

3) Unser Zug kommt mit einer Verspätung *von 10 Minuten*.

____

4) Nach einem Urlaub, der *drei Wochen* gedauert hat, fühlt er sich endlich erholt.

____

5) Müllers machen eine Reise, die *zwei Monate* dauert.

____

12 Completaţi cu adjective terminate în *-(e)n* sau *-(e)rn*:

1) Er kauft seiner Frau einen ___________en Ring. (aus Gold)
2) Für seine Tochter kauft er ___________en Schmuck. (aus Silber)
3) Sie trägt gern _________e Blusen (aus Seide), __________e Hosen (aus Leinen), _________e Pullover (aus Wolle) und ________e Schuhe. (aus Leder)
4) __________e Gegenstände (aus Glas) sind zerbrechlicher als __________e (aus Metall) oder ___________e Gegenstände (aus Holz).
5) Der Urmensch hatte __________e (aus Kupfer), ________e (aus Bronze) und ________e Werkzeuge (aus Stein) und kochte in _______en Töpfen (aus Erde).

13 Completaţi cu terminaţia *-er* sau *-isch*:

1) Die Banat_____ Schwaben sind eine deutschsprachige Bevölkerungsgruppe.
2) Der niederländ_____e Maler Vincent van Gogh ist in aller Welt bekannt.
3) Er kauft sich eine Schweiz_____ Uhr.
4) Der Wien_____ Stephansdom ist ein wahrer Touristenmagnet.
5) Rumän_____e Weine kann man in vielen Bukarest_____ Restaurants trinken.
6) Die vier Brem_____ Stadtmusikanten waren ein Esel, ein Hund, eine Katze und ein Hahn.
7) Die Genf_____ Konvention schützt die Gefangenen.
8) Fränk_____e Weine schmecken mir besser als kaliforn _____e Weine.

14 Completaţi cu antonimul adjectivului sau adverbului din paranteză:

1) Man sagt, dass Sokrates ein ___________________er Mensch war. (schön)
2) Dafür war er aber sehr ___________________ . (dumm)
3) Die Nachricht kam ___________________ . (erwartet)
4) Die letzte Sitzung unseres Vereins dauerte ___________________ . (kurz)
5) Vitamin B ist ______________________ für die Funktionsfähigkeit des ganzen Körpers. (bedeutungslos)

Acordul adjectivului cu substantivul

I. Acordul adjectivului cu substantivul precedat de articol hotărît

Dacă însoţeşte un substantiv precedat de articol hotărît, adjectivul primeşte la nominativ singular terminaţia ***-e***, indiferent de genul substantivului. Dat fiind că articolul hotărît are aceleaşi forme pentru nominativ şi acuzativ feminin (*die*) şi neutru (*das*), adjectivul primeşte terminaţia ***-e*** şi la acuzativ feminin şi neutru. La celelalte cazuri adjectivul primeşte terminaţia ***-en***.
La fel se declină şi adjectivul care însoţeşte un substantiv precedat de adjectivele pronominale ***dieser*** = *acesta*, ***jener*** = *acela*, ***jeder*** = *fiecare* / ***alle*** = *toţi, toate*, ***mancher*** = *vreunul* (la Sg), ***solcher*** = *astfel de*, ***welcher*** = *care*, ***derjenige*** = *acela (care)*, ***derselbe*** = *acelaşi*, ***beide*** = *amîndoi* sau ***sämtliche*** = *toţi (cu toţii), toate.*

	Masculin	Feminin	Neutru	Plural
N	***-e***	***-e***	***-e***	***-en***
G	***-en***	***-en***	***-en***	***-en***
D	***-en***	***-en***	***-en***	***-en***
A	***-en***	***-e***	***-e***	***-en***

15 Completaţi cu terminaţiile corecte:

1) Der nett___ Herr dort ist mein Hausarzt.

2) Die nett___ Frau dort ist unsere Nachbarin.

3) Das schön___ Haus dort gehört meinem Onkel.

4) Die neu___ Kollegen sind sehr nett.

5) Der Name des nett___ Herrn dort ist Dr. Weißmüller.

6) Der Name der nett___ Frau dort ist Luise Merkel.

7) Der Besitzer des schön___ Hauses dort ist mein Onkel.

8) Er zeigt dem neu___ Kollegen die Stadt.

9) Sie zeigt der neu___ Kollegin die Umgebung.

10) Der Vater gibt dem klein___ Kind einen Apfel.

11) Hast du den neu___ Kollegen kennen gelernt?

12) Sie muss die neu___ Kollegin vom Bahnhof abholen.

13) Die Mutter ruft das klein___ Kind zu sich.

16 Treceţi adjectivul din paranteză la forma corectă:

1) Der __________ Mann hier möchte mit dir sprechen. (jung)

2) Die Frau des __________ Mannes dort ist eine von meinen Kolleginnen. (jung)

3) Ich habe dem __________ Mann da den Weg gezeigt. (jung)

4) Kennst du den __________ Mann da? (jung)

5) Die ____________ Schwester von Matthias hat sich verlobt. (jünger)

6) Der Verlobte der ____________ Schwester von Matthias heißt Uwe. (jünger)

7) Uwe ist mit der ____________ Schwester von Matthias verlobt. (jünger)

8) Uwe ist in die ____________ Schwester von Matthias verliebt. (jünger)

9) Wie gefällt dir das ________ Haus dort? (alt)

10) Die Renovierung des __________ Hauses dort dauert schon lange. (alt)

11) In dem __________ Haus dort wohnt zurzeit niemand. (alt)

12) Ein Vetter von mir will das __________ Haus dort kaufen. (alt)

13) Die ____________________ Gäste sind schon angekommen. (ausländisch)

17 Completaţi cu substantivul şi adjectivul din paranteză la forma corectă:

1) Hast du _________________ von Matthias Körnich gesehen? (der letzte Film)

2) Hat dir _________________ von Matthias Körnich gefallen? (der letzte Film)

3) Hast du ______________________ dieser Sängerin gesehen? (das neue Video)

4) Hast du dir ______________________ dieser Sängerin gekauft? (die letzte CD)

5) Was hältst du von ___________________ dieses Regisseurs? (der neue Film)

6) Morgen gehen sie zu ____________________ von Eva. (die neuen Kollegen)

7) Macht ihr eine Party für _____________________ ? (die neue Kollegin)

8) Er zeigt ____________________ die Produktionshalle. (der deutsche Partner)

9) ____________________ hilft _____________________ beim Überqueren der Straße. (die nette Dame, das kleine Mädchen)

10) ________________________ retten das Leben ______________________.
(die schwedischen Seeleute, der kleine Eisbär)

18 Treceţi adjectivul din paranteză la forma corectă:

1) Dieser ____________ Herr ist unser Bibliothekar. (alt)

2) Die Frau dieses ____________ Herrn war meine Deutschlehrerin. (alt)

3) Ich spreche oft mit diesem ____________ Herrn. (alt)

4) Kennst du diesen ____________ Herrn? (alt)

5) Diese ____________ Dame ist die Schwester meines Kollegen. (nett)

6) Der Bruder dieser ____________ Dame ist mein Kollege. (nett)

7) Ein Kollege hat mich nach dieser ____________ Dame gefragt. (nett)

8) Ich kenne diese ____________ Dame seit langem. (nett)

9) Dieses ____________ Haus ist zu vermieten. (renoviert)

10) Die Miete dieses ____________ Hauses ist ziemlich hoch. (renoviert)

11) Georg wohnt in diesem ____________ Haus. (renoviert)

12) Dieses ____________ Haus finde ich zu teuer. (renoviert)

13) Diese ____________ Bücher gehören unserem Deutschlehrer. (kostbar)

14) Der Besitzer dieser ____________ Bücher ist Herr Kühn. (kostbar)

15) Es ist ein Erlebnis, in diesen ____________ Büchern zu blättern. (kostbar)

16) Diese ____________ Bücher muss man vor Eselsohren schützen. (kostbar)

19 Completaţi cu terminaţiile corecte:

1) Auf dies___ grün___ Wiese machen wir ein Picknick.

2) Dies___ schnell___ Autos sind nicht besonders umweltfreundlich.

3) Ich kaufe mir dies___ grau___ Mantel.

4) Mit Hilfe dies___ neu___ Methoden kann man die Diagnose verbessen.

5) Dies___ prächtig___ Gebäude sind sehr alt.

6) Ich weiß nichts von dies___ dreitägig___ Ausflug.

7) Dies___ rot___ Wein schmeckt mir gut.

8) Wie gefällt dir dies___ weiß___ Hemd?

9) Herzlichen Glückwunsch zu dies___ ausgezeichnet___ Ergebnissen!

10) Morgen machen wir eine Rundfahrt durch dies__ schön__ Stadt.

20 Treceţi adjectivul din paranteză la forma corectă:

1) Wie heißt denn jener ____________ Autor? (deutsch)
2) Der Name jenes ____________ Autors ist dir doch bekannt! (deutsch)
3) In jenem ____________ Saal habe ich keinen Bekannten gesehen. (groß)
4) Siehst du jenen ____________ Turm? (hoch)
5) Jene ________________ Studentin heißt Georgia. (freundlich)
6) Das Referat jener ________________ Studentin war interessant. (freundlich)
7) Der Professor stellt jener ________________ Studentin eine Frage. (freundlich)
8) Erinnerst du dich noch an jene ________________ Studentin? (freundlich)
9) Das ist jenes _______________ Buch, das die Kinder in aller Welt sehr gern lesen. (berühmt)
10) Sie ist die Autorin jenes _______________ Buches, das die Kinder in aller Welt sehr gern lesen. (berühmt)
11) Hast du nicht von jenem _______________ Buch gehört, das die Kinder in aller Welt sehr gern lesen? (berühmt)
12) Ich möchte auch einmal jenes ________________ Buch lesen. (berühmt)
13) Jene ________________ Arbeiter kommen aus Rumänien. (fleißig)
14) Der Chef jener ________________ Arbeiter ist sehr kompetent. (fleißig)
15) Arno spricht mit jenen ________________ Arbeitern. (fleißig)
16) Kennst du jene ________________ Arbeiter? (fleißig)

21 Completaţi cu terminaţiile corecte:

1) Kennst du jen___ klein___ Mädchen, das mit unserem Hund spielt?
2) Wegen jen___ schwer___ Unfalls treibt er keinen Sport mehr.
3) Über jen___ rumänisch___ Gymnastin kann ich dir nur Gutes berichten.
4) Jen___ nett___ Herren aus Berlin nehmen auch an der Wanderung teil.
5) Die Besichtigung jen___ alt___ Festungen ist der Höhepunkt unserer Reise.
6) Jen___ nett___ jung___ Mann hilft uns immer gern.
7) Günther spricht mit jen__ deutsch__ Schülern.

22 Treceţi adjectivul din paranteză la forma corectă:

1) Alle ____________ Bücher liegen auf dem Tisch. (neu)

2) Die Lehrerin merkt sich den Namen jedes ____________ Schülers. (neu)

3) Sie kauft jede ____________ CD ihrer Lieblingssängerin. (neu)

4) Sie kennt schon jeden ____________ Schüler in ihrer Klasse. (neu)

5) Dieses Regal kann man in jedem ____________ Möbelhaus kaufen. (gut)

6) Er kennt schon alle ____________ Möbelhäuser in der Stadt. (gut)

7) In jeder ____________ Stadt gibt es viel Verkehr. (groß)

8) Jedes ____________ Land hat seine eigenen Traditionen. (europäisch)

9) Sie erklärt allen ____________ Teilnehmern die Spielregeln. (neu)

10) Ein Puppenhaus ist der Traum jedes ____________ Mädchens. (klein)

11) Jede ____________ Information wird auf der Festplatte gespeichert. (wichtig)

12) Mehr als 10% aller ______________________ Studierenden in Deutschland stammen aus der Türkei. (ausländisch)

13) Er hat fast jedes ____________ Buch in seiner Bibliothek gelesen. (gut)

14) Sie führt ein kurzes Gespräch mit jedem ____________ Teilnehmer. (neu)

15) Nicht jeder ____________ Film ist ein Klassiker. (alt)

23 Treceţi la plural următoarele propoziţii:

1) Jeder neue Mitarbeiter stellt sich kurz vor.

____

2) Der Direktor begrüßt jeden neuen Mitarbeiter.

____

3) Der Direktor spricht mit jedem neuen Mitarbeiter.

____

4) Nahezu jedes neue Auto hat heute einen Katalysator.

____

5) In fast jedem deutschen Haushalt wird der Müll getrennt gesammelt.

____

24 Treceţi adjectivul din paranteză la forma corectă:

1) Welches ____________ Modell hat dir am besten gefallen? (neu)

2) Beide ____________ Modelle haben mir sehr gut gefallen. (neu)

3) Bei solchem ____________ Regen bleibt man lieber zu Hause. (stark)

4) Hier ist auch mancher ____________________ Artikel zu lesen. (interessant)

5) Mit welchem ____________ Produkt erzielt ihr den größten Gewinn? (neu)

6) Der Wert beider ____________ Bücher beträgt rund 2000 Euro. (alt)

7) Für welche ________________ Autoren interessierst du dich? (deutsch)

8) Solcher ____________ Kaffee ist sicherlich teuer. (gut)

9) Wir suchen nach demjenigen ___________________ Kandidaten, der für diese Stelle am besten geeignet ist. (qualifiziert)

10) Sämtliche ____________ Modelle werden von einem Roboter getestet. (neu)

11) Welcher ____________ Freund hat euch geschrieben? (alt)

12) Wir möchten auch solche ________________ Orte besichtigen. (interessant)

25 Completaţi cu terminaţiile corecte:

1) Heute werden wir von demselb___ alt___ Lehrer geprüft wie gestern.

2) Welch___ deutsch-rumänisch___ Wörterbuch brauchst du?

3) Aus solch___ alt___ Stoff kann man doch viel Neues machen.

4) Er erzählt immer wieder dieselb___ langweilig___ Geschichte.

5) Kennst du diejenig___ ausländisch___ Gäste, deren Auto vor dem Hotel steht?

6) Drüben an der Kreuzung steht immer derselb___ jung___ Polizist.

7) Diese Kurse wenden sich an diejenig___ ausländisch___ Studierenden, die an dies___ international___ Austauschprogramm teilnehmen.

8) Sämtlich___ Kandidaten verfügen über jen___ notwendig___ Fähigkeiten und Kenntnisse, die für dies___ neu___ Arbeitsstelle erforderlich sind.

9) Bei solch___ akut___ Schmerzen kann er kaum mehr sprechen.

10) In welch___ gut___ Buch hast du das gelesen?

II. Acordul adjectivului cu substantivul precedat de articol nehotărît

Dacă însoţeşte un substantiv precedat de articol nehotărît, adjectivul primeşte la nominativ masculin terminaţia ***-er***, la nominativ şi acuzativ feminin terminaţia ***-e***, iar la nominativ şi acuzativ neutru terminaţia ***-es***. La celelalte cazuri primeşte terminaţia ***-en***. (Articolul nehotărît nu are forme de plural.)
La fel se declină şi adjectivul care însoţeşte un substantiv precedat de adjectiv pronominal negativ (***kein***) sau de adjectiv pronominal posesiv (***mein***, ***dein***, ***sein***, ***ihr***, ***unser***, ***euer***).
Atunci cînd însoţeşte un substantiv la plural precedat de *kein*, *mein*, *dein*, *sein*, *ihr*, *unser*, *euer*, adjectivul primeşte, la toate cazurile, terminaţia ***-en***:

	Masculin	Feminin	Neutru	Plural
N	***-er***	***-e***	***-es***	***-en***
G	***-en***	***-en***	***-en***	***-en***
D	***-en***	***-en***	***-en***	***-en***
A	***-en***	***-e***	***-es***	***-en***

26 Transformaţi propoziţiile după modelul de mai jos:

Dieser Park ist *klein*. ⇒ Das ist *ein kleiner* Park.

1) Dieser Roman ist spannend.

____

2) Diese Wohnung ist teuer.

____

3) Dieses Buch ist langweilig.

____

4) Dieser Hund ist brav.

____

5) Dieses Haus ist schön.

____

6) Diese Stadt ist klein.

____

7) Dieser Lesesaal ist groß.

____

27 Completaţi cu terminaţiile corecte:

1) Peter ist ein gut___ Freund von mir.
2) Helga ist die Frau eines gut___ Freundes von mir.
3) Er hilft einem gut___ Freund bei der Arbeit.
4) Einen wahr___ Freund erkennt man in der Not.
5) Maria ist eine wunderbar___ Freundin.
6) Peter ist der Mann einer gut___ Freundin von mir.
7) Einer gut___ Freundin kann man fast alles erzählen.
8) Ich habe eine gut___ Freundin in Berlin.
9) Ein schön___ Haus mit Garten, ist alles was er sich wünscht.
10) Er kauft ein Grundstück zum Bau eines schön___ Hauses.
11) Er wohnt mit seiner Familie in einem schön___ Einfamilienhaus.
12) Er hat sich voriges Jahr ein schön___ Haus gekauft.

28 Treceţi adjectivul din paranteză la forma corectă:

1) Er gibt sich als ein _____________ Freund von Michael aus. (gut)
2) Ich halte ihn für einen _________________ Menschen. (ehrlich)
3) Mein Bruder hat ein _________________ Zimmer als ich. (größer)
4) In Marburg hat er eine _____________ Bekannte. (alt)
5) Wir suchen einen _________________ Mitarbeiter. (freundlich)
6) Ich arbeite gern in einem _____________ Zimmer. (hell)
7) Er wohnt in einer _____________ Stadt. (klein)
8) Sie trifft sich mit einer _____________ Freundin. (alt)
9) Wo kann ich ein _____________ Wörterbuch finden? (gut)
10) Ich erwarte den Anruf eines _____________ Kollegen. (neu)
11) Ein _____________ Garten wächst nicht über Nacht. (schön)
12) Er entscheidet sich für ein _________________, aber _________________ Auto. (schnell, teuer)

29 **Treceţi adjectivul din paranteză la forma corectă:**

1) Andreas ist mein ____________ Kollege. (neu)

2) Der Name meines ____________ Kollegen ist Andreas. (neu)

3) Ich zeige meinem ____________ Kollegen, wo die Kantine ist. (neu)

4) Ich finde meinen ____________ Kollegen sehr nett. (neu)

5) Meine ____________ Kollegin war sehr nett. (ehemalig)

6) Der Bruder meiner ____________ Kollegin wohnt in Köln. (ehemalig)

7) Ich treffe mich mit meiner ____________ Kollegin. (ehemalig)

8) Ich besuche meine ____________ Kollegin. (ehemalig)

9) Mein ____________ Auto ist zur Reparatur. (alt)

10) Die Alarmanlage meines ____________ Autos war kaputt. (alt)

11) Wir fahren mit meinem ____________ Auto ans Meer. (alt)

12) Morgen bringe ich mein ____________ Auto zur Reparatur. (alt)

13) Meine ______________ Geschwister kommen zu Besuch. (jünger)

14) Der Besuch meiner ______________ Geschwister freut mich sehr. (jünger)

15) Ich zeige meinen ______________ Geschwistern die Stadt. (jünger)

16) Ich warte auf meine ______________ Geschwister. (jünger)

30 **Completaţi cu terminaţiile corecte (doar acolo unde este necesar):**

1) Mein___ älter___ Bruder wohnt in Stockholm.

2) Morgen gehe ich zu mein___ alt___ Tante.

3) Ich muss mein___ neu___ Auto anmelden.

4) Kennst du mein___ jünger___ Schwester?

5) An diesem Projekt arbeite ich mit mein___ best___ Freund.

6) Er gibt sich als mein___ best___ Freund aus.

7) Ich bringe mein___ schwarz___ Mantel in die Reinigung.

8) Das habe ich mit mein___ eigen___ Augen gesehen.

9) Am Wochenende gehe ich zur Hochzeit mein___ best___ Freundin.

31 Treceţi adjectivul din paranteză la forma corectă:

1) Ist das dein ____________ Computer? (neu)

2) Ich berate dich gern beim Kauf deines ____________ Computers. (neu)

3) Bist du zufrieden mit deinem ____________ Computer? (neu)

4) Wann hast du dir deinen ____________ Computer gekauft? (neu)

5) Deine ____________ Bluse gefällt mir gut. (blau)

6) Der Schnitt deiner ____________ Bluse gefällt mir gut. (blau)

7) Ich wünsche dir viel Spaß auf deiner ____________ Reise. (nächst)

8) Wann gehst du auf deine ____________ Reise? (nächst)

9) Hoffentlich ist dein ____________ Auto versichert. (kaputt)

10) Die Reparatur deines ____________ Autos ist ziemlich teuer. (kaputt)

11) Was machst du nun mit deinem ____________ Auto? (kaputt)

12) Wann lässt du dein ____________ Auto reparieren? (kaputt)

13) Deine ____________ Freunde kommen auch mit. (nett)

14) Der Besuch deiner ____________ Freunde freut mich. (nett)

15) Hier ist ein Brief von deinen ____________ Freunden. (nett)

16) Grüße deine ____________ Freunde von mir! (nett)

32 Completaţi cu terminaţiile corecte (doar acolo unde este necesar):

1) Ich arbeite mit dein___ jünger___ Bruder zusammen.

2) Gib mir, bitte, dein___ deutsch-rumänisch___ Wörterbuch!

3) Wo wohnt dein___ älter___ Bruder?

4) Wie findest du dein___ neu___ Kollegin?

5) Ist das dein__ neu__ Fahrrad?

6) Dein___ jetzig___ Wohnung ist zu klein für dich und dein___ klein___ Tochter.

7) In dein__ jetzig__ Wohnung hast du nicht genug Platz für all__ dein___ Sachen.

8) Sehnst du dich nicht nach dein___ alt___ Freunden?

9) Wann besuchst du dein___ alt___ Freunde?

33 Treceţi adjectivul din paranteză la forma corectă:

1) Sein _____________ Hund ist sehr lieb. (klein)

2) Seine _____________ Freundin ist sehr nett. (neu)

3) Sein _____________ Haus gefällt mir sehr gut. (neu)

4) Seine _____________ Freunde kommen morgen zu Besuch. (best-)

5) Er arbeitet in der Firma seines _____________ Bruders. (älter)

6) Der Mann seiner _______________ Schwester ist Chemiker. (jünger)

7) Der Klingelton seines _____________ Handys geht mir auf die Nerven. (neu)

8) Der Erfolg seiner _______________Versuche war mäßig. (bisherig)

9) Er zeigt seinem _________________ Freund die Stadt. (ausländisch)

10) Er schreibt seiner _____________ Freundin einen Brief. (best-)

11) Er spricht mit seinem _____________ Mädchen. (klein)

12) Am Abend geht er mit seinen _____________ Freunden aus. (best-)

13) Ich lese seinen _________________ Artikel. (interessant)

14) Peter renoviert seine _____________ Wohnung. (alt)

15) Georg verkauft sein _____________ Haus. (teuer)

16) Kennst du seine _____________ Kinder? (begabt)

34 Completaţi cu terminaţiile corecte (doar acolo unde este necesar):

1) Sie dankt ihm für sein___ freundlich___ Worte.

2) Sein___ best___ Freund wohnt in Siebenbürgen.

3) Marcus gibt den Inhalt des Buches mit sein___ eigen___ Worten wieder.

4) Georg und sein___ nett___ Frau waren auch da.

5) Jeder Verein hat sein___ eigen___ Programm.

6) In sein___ letzt___ Buch bespricht er ein___ interessant___ Thema.

7) Ich erkenne ihn an sein___ heiser___ Stimme.

8) Wegen sein___ schwer___ Erkältung geht er nicht mehr auf den Ausflug.

9) Er feiert die Geburt sein___ klein___ Mädchens.

35 **Treceţi adjectivul din paranteză la forma corectă:**

1) Ihr* ____________ Hut steht ihr ganz gut. (neu)

2) Ihre ____________ Bluse gefällt mir nicht. (gelb)

3) Ihr ________________ Lächeln hat uns alle bezaubert. (freundlich)

4) Herr Meyer, Ihre ________________ Bücher sind da. (bestellt)

5) Anna bleibt wegen ihres ____________ Bruders zu Hause. (krank)

6) Sie erwartet den Besuch ihrer ____________ Freundin Grete. (alt)

7) Die Lehrerin ihres ____________ Kindes ist sehr nett. (klein)

8) Das Auto ihrer ____________________ Freunde steht dort. (ausländisch)

9) Sie schreibt ihrem __________________ Lehrer einen Brief. (ehemalig)

10) Die Müllers kaufen ihrer ____________ Tochter ein Pony. (klein)

11) In ihrem ____________ Haus haben sie endlich genug Platz. (groß)

12) Sie helfen ihren ____________ Freunden beim Umzug. (gut)

13) Herr Müller, wir haben Ihren ______________ Schlüssel gefunden. (verloren)

14) Vielen Dank für Ihre ______________ Antwort! (schnell)

15) Sie suchen eine Heizungsanlage für ihr ____________ Haus. (neu)

16) Ich bin erstaunt über ihre ______________ Fortschritte. (schnell)

36 **Completaţi cu terminaţiile corecte (doar acolo unde este necesar):**

1) Ihr___ letzt___ Buch war ein___ groß___ Erfolg.

2) Kennst du ihr___ künftig___ Ehemann?

3) In ihr___ letzt___ Brief erzählt sie uns von ihr___ schön___ Reise.

4) Sie sorgen sich um die Gesundheit ihr___ klein___ Babys. (Sg)

5) Vielen Dank für Ihr___ hilfreich___ Hinweise!

6) Nächsten Monat fahren sie mit ihr___ neu___ Auto ans Meer.

7) Die Schulung all___ ihr___ neu___ Mitarbeiter dauert sechs Monate.

---

* Posesivul *ihr-* corespunde atît persoanei a III-a singular feminin, cît şi persoanei a III-a plural, indiferent de gen, iar *Ihr-* pronumelui de politeţe, singular şi plural.

37 Treceţi adjectivul din paranteză la forma corectă:

1) Unser __________________ Nachbar ist Zahnarzt. (freundlich)
2) Das Haus unseres __________________ Nachbarn ist renoviert. (freundlich)
3) Wir gehen heute zu unserem _____________ Nachbarn. (neu)
4) Eva hat sich in unseren _____________ Nachbarn verliebt. (neu)
5) Unsere _____________ Mannschaft hat die Meisterschaft gewonnen. (jung)
6) Der Erfolg unserer _____________ Mannschaft hat uns überrascht. (jung)
7) Wir gratulieren unserer _____________ Mannschaft zu diesem Erfolg. (jung)
8) Viele Sponsoren haben unsere _____________ Mannschaft materiell und finanziell unterstützt. (jung)
9) Unser _____________ Haus befindet sich in ruhiger Lage. (schön)
10) Der Preis unseres _____________ Hauses war nicht sehr hoch. (schön)
11) In unserem _____________ Haus fühlen wir uns rundum wohl. (schön)
12) Wir haben unser _____________ Haus verkauft. (alt)
13) Unsere _________________ Freunde kommen morgen zu Besuch. (englisch)
14) Der Besuch unserer _________________ Freunde freut uns sehr. (englisch)
15) Mit unseren ______________ Freunden machen wir viele Ausflüge. (englisch)
16) Wir holen unsere _________________ Freunde vom Bahnhof ab. (englisch)

38 Completaţi cu terminaţiile corecte (doar acolo unde este necesar):

1) Wir fahren mit unser___ neu___ Auto in die Berge.
2) Unser___ nächst___ Ausflug führte uns nach Rothenburg ob der Tauber.
3) Das Fahrrad kaufen wir für unser___ klein___ Kind.
4) Unser___ neu___ Nachbarin ist sehr freundlich.
5) Deine Unterlagen sind bei unser___ neu___ Kollegin.
6) Heute treffe ich mich mit unser___ ehemalig___ Deutschlehrer.
7) Wir haben einen Brief von unser___ amerikanisch___ Freunden bekommen.
8) Hast du nicht unser___ blau___ Regenschirm gesehen?

39 Treceţi adjectivul din paranteză la forma corectă:

1) Euer ____________ Regenschirm hängt am Haken. (blau)
2) Was studiert eure ____________ Tochter? (älter)
3) Euer ____________ Projekt hat großes Interesse geweckt. (letzt)
4) Eure ________________ Karten sind schon da. (bestellt)
5) Die Freundin eures ____________ Sohnes ist sehr hübsch. (älter)
6) Die Bitte eurer ____________ Kollegin hat mich überrascht. (neu)
7) An den Ergebnissen eures ________________ Forschungsprojekts bin ich sehr interessiert. (neu)
8) Ist das dort das Auto eurer ________________ Freunde? (englisch)
9) Was wisst ihr noch von eurem ________________ Kollegen? (deutsch)
10) Gestern habe ich mit eurer ____________ Kollegin gesprochen. (nett)
11) Was habt ihr mit eurem ____________ Apartment gemacht? (alt)
12) Kommt einmal mit euren ____________ Kindern zu uns! (klein)
13) Wer hat euren ____________ Garten eingerichtet? (schön)
14) Ich finde eure ____________ Wohnung ganz gemütlich. (klein)
15) Wir haben euer ________________ Gespräch mitverfolgt. (interessant)
16) Vielen Dank für eure ________________ Anregungen! (wertvoll)

40 Completaţi cu terminaţiile corecte (doar acolo unde este necesar):

1) Eur___ neu___ Kollegin ist ein___ sehr gewissenhaft___ Person.
2) Wen habt ihr zu eur___ nächst___ Party eingeladen?
3) Euer___ jung___ Kollege hat ein___ interessant___ Vortrag gehalten.
4) Wir freuen uns schon auf eur___ nächst___ Besuch.
5) Seid ihr mit eur___ neu___ Wohnung zufrieden?
6) Peter ist verliebt in eur___ neu___ Kollegin.
7) Wann wart ihr letztes Mal bei eur___ gut___ Freunden in Freiburg?
8) Fahrt ihr mit eur___ alt___ Auto ans Meer?

III. Acordul adjectivului cu substantivul neprecedat de articol sau de adjectiv pronominal

Dacă substantivul nu este precedat de nici un articol sau adjectiv pronominal care să îi indice genul, numărul şi cazul, atunci adjectivul preia terminaţiile de gen, număr şi caz (aceleaşi ca ale articolului hotărît), cu excepţia genitivului masculin şi neutru unde, în loc de ***-es*** adjectivul primeşte ***-en***.

	Masculin	Feminin	Neutru	Plural
N	***-er***	***-e***	***-es***	***-e***
G	**-en**	***-er***	**-en**	***-er***
D	***-em***	***-er***	***-em***	***-en***
A	***-en***	***-e***	***-es***	***-e***

41 Completaţi cu terminaţia corectă:

1) Lieb___ Freund! Lieb___ Freundin! Lieb___ Freunde und Freundinnen!

2) Sehr geehrt___ Herr Müller! Sehr geehrt___ Frau Wolf!

3) Sehr geehrt___ Damen und Herren! Lieb___ Kolleginnen!

4) Schön___ Ferien! Froh___ Ostern! Gut___ Fahrt!

5) Gut___ Abend! Gut___ Nacht! Auf baldig___ Wiedersehen! Gut___ Besserung!

6) Das Besteck ist aus rein___ Silber und das Geschirr aus weiß___ Porzellan.

7) Sein Besuch hat mir groß___ Freude bereitet.

8) Die Vorträge des Symposiums stießen auf groß___ Interesse bei Fachleuten.

9) Er liest den Artikel des Professors Wolf mit besonder___ Interesse.

10) Wir wünschen allen Teilnehmern gut___ Erfolg und viel Spaß!

11) Grün___ Tee hat einen positiven Einfluss auf das Herz-Kreislauf-System.

12) Er isst grün___ Salat mit frisch___ Brot.

13) Sie haben allerlei dumm___ Zeug geredet.

14) Ich bewirte meine Gäste mit frisch gepresst___ Saft und kalt___ Limonade.

15) Er isst täglich frisch___ Obst. Ab und zu isst er auch rot___ Fleisch.

16) Er kauft sich interessant____ Bücher, die er mit groß____ Freude liest.

17) Bei heiter_______ Wetter und strahlend_______ Sonne machen wir schön____ Wanderungen durch grün___ Wälder und bunt___ Wiesen.

Adjectivele care urmează după substantive la genitiv antepuse („Marias *roter* Schal", „des Rektors *neues* Auto"), după ***dessen***, ***deren***, ***wessen*** sau după ***manch***, ***solch*** şi ***welch*** fără terminaţie se declină la fel ca adjectivele ce însoţesc un substantiv neprecedat de articol sau adjectiv pronominal.

42 Completaţi cu adjectivul din paranteză la forma corectă:

1) Hast du Evas __________ Mantel gesehen? (neu)

2) Evas __________ Mantel hängt am Haken. (neu)

3) Meine Freundin Maria hat solch __________ Lächeln (schön)!

4) Georg spricht mit Marias __________ Mitarbeiter. (neu)

5) Bei solch __________ Regen müssen wir die Fahrt unterbrechen. (stark)

6) Das ist der Mann, dessen ____________ Kind krank ist. (klein)

7) Heute trifft er sich mit Georgs ______________ Schwester. (jünger)

8) Er beweist jetzt allen, über welch __________ Potential er verfügt. (groß)

9) Das ist die Frau, deren falsch ___________ Auto abgeschleppt wurde. (geparkt)

10) Später gehen wir zu Peters __________ Kolleginnen. (neu)

11) Im Radio kann man auch manch __________ Lied hören. (gut)

12) Wessen ___________________ Antwort hat dich geärgert? (unfreundlich)

După ***etwas***, ***nichts***, ***viel***, ***wenig*** (dar şi *allerlei*, *genug*, *mancherlei*, *mehr*, *weniger*) şi în absenţa unui substantiv, adjectivele se substantivizează. Ele se scriu cu *iniţială majusculă* şi sînt terminate în ***-es*** la nominativ şi acuzativ, respectiv în ***-em*** la dativ.

43 Completaţi cu adjectivul din paranteză substantivizat:

1) Darüber gibt es viel ______________________ zu erzählen. (interessant)

2) Wir haben nichts __________________ erwartet. (böse)

3) Jeder Ort hat etwas ____________________ . (sehenswert)

4) Meiner Meinung nach hat er mehr _________________ als _________________ getan. (gut, schlecht)

5) Wir wurden mit wenig __________________ konfrontiert. (neu)

6) Der Reiseführer enthält nicht nur allerlei ___________________ , sondern auch mancherlei ___________________ über Land und Leute. (nützlich, wissenswert)

44 Completaţi cu terminaţia corectă (doar acolo unde este necesar):

1) Hans im Glück

Hans hatte seinem Herrn sieben lang__ Jahre treu__ gedient und erhielt als Lohn ein schwer__ Stück Gold, das so groß__ war wie sein Kopf.
Als er nun mit dem schwer__ Goldstück auf der staubig__ Straße heimwärts wanderte, sah er einen jung__ Reiter und seufzte: „Ach, das Reiten ist doch etwas Schön__!" Das hörte der jung__ Reiter und sagte: „Wollen wir nicht tauschen? Du gibst mir dein so schwer__ Stück Gold und nimmst mein schnell__ Pferd dafür." Hans war damit zufrieden__ und setzte sich fröhlich__ auf das Pferd. Als aber das Pferd zu galoppieren begann, lag Hans bald__ im Straßengraben.
Ein Bauer, der mit einer braun__ Kuh daherkam, hielt das Pferd an. Hans war ärgerlich__ und meinte: „So eine Kuh ist doch besser__, die geht langsam und gibt auch noch frisch__ Milch!" Der Bauer bot ihm einen Tausch an; Hans bekam die Kuh, und der Bauer ritt auf dem Pferd eilig__ davon. Sehr zufrieden__ wanderte Hans mit seiner Kuh weiter. Mittags bekam er groß__ Durst und wollte sie melken, aber sie gab ihm keinen Tropfen frisch__ Milch, sondern nur einen stark__ Schlag mit dem Hinterfuß.
Das sah ein Metzger, der ein jung__ Schwein auf seinem Wagen hatte und sagte: „Die Kuh ist zu alt__, die kann man höchstens noch schlachten!" Weil Hans aber lieb__ Schweinefleisch als Rindfleisch aß, so tauschte er seine alt__ Kuh gegen das jung__ Schwein und führte es neben sich. Dann traf er einen Bauernburschen mit einer weiß__ Gans und erzählte diesem, wie gut__ er heute getauscht habe. Der schlau__ Bursche sagte: „Dein Schwein ist im Nachbardorf gestohlen worden, die Polizei sucht den Dieb. Nimm lieber meine Gans und gib mir das Schwein!"
Als Hans mit der Gans ins nächst__ Dorf kam, traf er einen Scherenschleifer. Der hörte von den vorteilhaft__ Tauschgeschäften, die Hans gemacht hatte, und gab Hans einen alt__ Schleifstein für die Gans. „Wenn du ein Scherenschleifer bist wie ich, hast du immer genug__ Geld in der Tasche", sagte er zu Hans. Glücklich__ wanderte Hans weiter. Aber der Stein war schwer__ und drückte ihn. An einem

Brunnen wollte er trinken und legte den Schleifstein auf den eng__ Brunnenrand. Aber als er sich bückte, stieß er aus Versehen den Stein in den tief__ Brunnen. Da dankte er Gott, dass er ihn von dem schwer__ Stein befreit hatte.
„Ich bin der glücklichst__ Mensch auf der Welt", rief er und wanderte mit leicht__ Herzen und frei von aller Last nach Haus zu seiner Mutter.

2) Das Schlaraffenland

Es gibt ein fern__ merkwürdig__ Land, in das viele Leute gern auswandern wollten, wenn sie den richtig__ Weg dahin wüssten. Wer dieses traumhaft__ Land betreten will, muss sich erst durch einen groß__ Berg von süß__ Reisbrei durchessen. Danach sieht er wunderbar__ Dinge: Die Häuser sind aus lecker__ Braten gebaut und die Dächer mit duftend__ Pfannkuchen gedeckt. Die Gartenzäune bestehen aus warm__ Würstchen. In den Bächen fließt warm__ Milch und am Rand der schnell__ Bäche stehen klein__ Büsche, auf denen frisch__ Brötchen wachsen. Aus den Brunnen fließt gut__ Wein, und die rund__ Steine auf dem Weg sind fein__ Käse. Tauben, Hühner und Gänse fliegen gebraten__ in der Luft herum und den Hungrig__ gerade in den Mund hinein. Auch Schweinchen laufen herum, fertig__ gebraten__ zum Essen. Die Fische in den Seen sind schon gekocht__ oder gebraten__ und kommen ans Ufer, damit man sie leichter fangen kann. Es regnet nicht Wasser, sondern golden__ Honig, und es schneit weiß__ Zucker. Die schönst__ Kleider und Schuhe wachsen im Wald auf den grün__ Bäumen, man brauch sie nur herunter zu schütteln.
Was machen die Menschen den ganz__ Tag im Schlaraffenland? Vor allem dürfen sie nicht arbeiten. Wenn jemand zu fleißig__ ist, muss er das Land wieder verlassen. Der Faulst__ wird König. Wer besonders lang__ schläft, wird dafür belohnt, und wer eine Lüge sagt, bekommt gut__ Geld dafür. Das Best__ im Land aber ist ein Jungbrunnen, in dem alle alt__ Leute baden, um wieder jung__ zu werden. Schade, dass kein Mensch den Weg ins Schlaraffenland kennt!

Verbul

Prezentul

1 Completați cu formele de prezent* ale verbelor:

	sein	*haben*	*gehen*	*machen*	*tun*
ich	________	________	________	________	________
du	________	________	________	________	________
er/sie/es	________	________	________	________	________
wir	________	________	________	________	________
ihr	________	________	________	________	________
sie/Sie	________	________	________	________	________
	fahren (ä)	*tragen (ä)*	*laufen (ä)*	*essen (i)*	*nehmen (i)*
ich	________	________	________	________	________
du	________	________	________	________	________
er/sie/es	________	________	________	________	________
wir	________	________	________	________	________
ihr	________	________	________	________	________
sie/Sie	________	________	________	________	________
	sprechen (i)	*sehen (ie)*	*lesen (ie)*	*arbeiten*	*sitzen*
ich	________	________	________	________	________
du	________	________	________	________	________
er/sie/es	________	________	________	________	________
wir	________	________	________	________	________
ihr	________	________	________	________	________
sie/Sie	________	________	________	________	________

---

* Cu excepția exercițiilor 57-63 și 64, punctele 10) – 14), în care se exersează condiționalul, verbele sînt la modul indicativ.

2 Completaţi cu formele de prezent ale verbului din paranteză:

1) Er ________________ aus Siebenbürgen. (kommen)

2) Peter ________________ mein bester Freund. (sein)

3) Martin ________________ gern Musik. (hören)

4) Wann ________________ ihr Urlaub? (haben)

5) Warum ________________ du kein Fleisch? (essen / i)

6) Wohin ________________ du am Wochenende? (fahren / ä)

7) Er ________________ in einer Klinik. (arbeiten)

8) Patricia ________________ ein Referat. (schreiben)

9) Georg ________________ gut Englisch. (sprechen / i)

10) ________________ du das Haus dort? (sehen / ie)

11) Wir ________________ uns in einer Stunde wieder hier. (treffen / i)

12) Marlene ________________ sehr schön. (singen)

13) Wo ________________ ihr Fußball? (spielen)

14) Seit wann ________________ du Französisch? (lernen)

15) Anna ________________ ihrem Sohn zum Studium. (raten / ä)

16) Er ________________ ins Wohnzimmer. (treten / i)

3 Completaţi propoziţiile cu unul dintre verbele de mai jos:

fährt gehen heißt lässt liest trinkst tut wartet weiß wohnen

1) Heute Abend ________________ wir ins Kino.

2) Mit welchem Zug ______________ er nach Deutschland?

3) Wie ________________ du?

4) Maria ________________ auf den Bus.

5) Was für Bücher ________________ du gern?

6) Er ________________ nicht, wo meine Freunde ________________ .

7) ________________ du Kaffee?

8) Emma ________________ sich die Haare schneiden.

9) Es ________________ mir leid.

4 Completaţi cu forma adecvată de prezent din paranteză:

1) Ihr ________________ ziemlich oft nach Österreich. (fährt / fahrt)

2) Sie ________________ in einer großen Firma. (arbeitet / arbeite)

3) Du ________________ gut Deutsch. (sprechst / sprichst)

4) Sie ________________ aus Berlin. (seid / sind)

5) Er ________________ nicht, wie sie heißt. (weißt / weiß)

6) Wie ________________ es dir? (geht / gehst)

7) Wo ________________ du? (sitzest / sitzt)

8) Welche Zeitungen ________________ ihr? (liest / lest)

9) Er ________________ sich über ihren Brief. (freust / freut)

10) Zuerst ________________ du die Möhren. (wäscht / wäschst)

11) Dann ________________ du sie in Stücke. (schneidest / schneidet)

5 Treceţi următoarele propoziţii la singular:

1) Wir gehen nach Hause.

____

2) Wann fahrt ihr ins Gebirge?

____

3) Die Kinder essen viel Obst und Gemüse.

____

4) Ihr sprecht sehr gut Rumänisch.

____

5) Sie waschen sich die Hände.

____

6) Die Lehrer bitten die Schüler um Aufmerksamkeit.

____

7) Wisst ihr, wo Peter wohnt?

____

Perfectul

Perfectul = ***haben*** sau ***sein*** la prezent + ***participiul**** verbului de conjugat.

Următoarele categorii de verbe fac perfectul cu verbul auxiliar ***haben***:

- **Verbe tranzitive**, adică verbele care au sau pot avea complement direct: *lernen, sehen, essen, kaufen, verlieren, suchen* etc.
- **Verbe reflexive**: *sich freuen, sich verlieben, sich konzentrieren* etc.
- **Verbe intranzitive care exprimă o durată**: *leben, schlafen, warten, lachen* etc.
- **Verbe intranzitive care au complement indirect în dativ**: *gefallen, schmecken, antworten, helfen, glauben, gratulieren* etc.
- **Majoritatea verbelor impersonale**: *regnen, schneien, blitzen, donnern* etc.
- **Verbe care numesc începutul sau sfîrşitul**: *anfangen, beginnen, enden* etc.
- **Verbe modale**: *müssen, sollen, können, dürfen, wollen, mögen.*

Următoarele categorii de verbe fac perfectul cu verbul auxiliar ***sein***:

- **Verbe intranzitive care exprimă o deplasare**: *gehen, fahren, kommen* etc.
- **Verbe intranzitive care exprimă o schimbare de stare**: *werden, wachsen, erlöschen, erkranken, genesen, sterben, erwachen, erschrecken* etc.
- **Verbele** *sein* şi *bleiben.*

6 Completaţi cu formele corespunzătoare ale lui *haben* sau *sein*:

1) Peter _________ gestern ins Kino gegangen.

2) Maria _________ länger in der Stadt geblieben.

3) Georg _________ sich einen Kuli gekauft.

4) Christine _________ ihren Haustürschlüssel verloren.

5) Martin und sein Bruder _________ nach Hause gekommen.

6) In den Bergen _________ es die ganze Nacht geschneit.

7) Er _________ sich in seine Kollegin verliebt.

8) Der letzte Film von Pedro Almodóvar _________ mir gut gefallen.

9) Wir _________ gegen Mitternacht eingeschlafen.

10) Wir _________ bis 9 Uhr geschlafen.

11) Wo _________ du gewesen? Wir _________ dich überall gesucht.

12) Das neue Jahr _________ gut angefangen.

13) Das Feuer _________ erloschen.

---

* A treia formă de bază a verbului. În germană: *Partizip Perfekt* sau *Partizip II.*

7 Completaţi cu participiul perfect al verbului din paranteză:

1) Wir haben eine schöne Reise ________________ . (machen)

2) Wir sind nach Italien ________________ . (reisen)

3) Was hast du ihn ________________ ? (fragen)

4) Hat er dir auf die Frage __________________ ? (antworten)

5) Ich habe meine Tante in Berlin ________________ . (besuchen)

6) Sie hat mich gestern __________________ . (anrufen)

7) Ich habe meinen alten Computer ________________ . (reparieren)

8) Sie hat ihr schönes Apartment ______________ . (verkaufen)

9) Sie haben den Urlaub in Griechenland ________________ . (verbringen)

10) Er hat sich über das Geschenk ________________ . (freuen)

11) Wir sind im Park ________________ ________________ . (spazieren gehen)

12) Wann hast du ihn ________________ ________________ ? (kennen lernen)

13) Karl und ich haben in demselben Stadtviertel ________________ . (wohnen)

8 Completaţi cu verbul din paranteză la perfect:

1) Ricardo _________ Deutsch ________________ . (lernen)

2) Ich _________ einen guten Roman ________________ . (lesen)

3) Peter _________ nach Deutschland ________________ . (fahren)

4) Wer _________ dieses Jahr die Meisterschaft ________________ ? (gewinnen)

5) _________ du gut ________________ ? (schlafen)

6) Unser Zug _________ pünktlich ________________ . (ankommen)

7) Georg _________ seine Hausaufgaben ________________ . (machen)

8) Ulrike _________ Klavier ________________ . (spielen)

9) Egon und Maria _________ im Chor ________________ . (singen)

10) Andrea _________ nach Mexiko ________________ . (fliegen)

11) Er _________ ihr für ihre Unterstützung ________________ . (danken)

12) Wir _________ uns auf die Prüfung ________________ . (vorbereiten)

13) Warum _________ du so ________________ ? (erschrecken)

9 Treceţi următoarele propoziţii la perfect:

1) Die Tagung beginnt heute.

____

2) Ich kaufe mir einen neuen Computer.

____

3) Peter bleibt in Rom.

____

4) Der Film fängt um 20 Uhr an.

____

5) Maria fliegt nach Griechenland.

____

6) Ich reserviere ein Doppelzimmer für eine Woche.

____

10 Răspundeţi după următorul model:

Wann *lernst* du die Lektion? ⇒ Ich *habe* sie schon *gelernt*. Wann *fährt* der Bus *ab*? ⇒ Er *ist* schon *abgefahren*.

1) Wann renoviert ihr eure Wohnung?

____

2) Wann übersetzt du das Angebot?

____

3) Wann geht er weg?

____

4) Wann reparierst du das Fahrrad?

____

5) Wann kommen eure Gäste an?

____

6) Wann lädst du deine Freunde zum Abendessen ein?

____

Preteritul

11 Completaţi cu formele de preterit ale verbelor:

	sein	*haben*	*sagen*	*wissen*	*kommen*
ich	________	________	________	________	________
du	________	________	________	________	________
er/sie/es	________	________	________	________	________
wir	________	________	________	________	________
ihr	________	________	________	________	________
sie/Sie	________	________	________	________	________

	bringen	*kennen*	*müssen*	*warten*	*geben*
ich	________	________	________	________	________
du	________	________	________	________	________
er/sie/es	________	________	________	________	________
wir	________	________	________	________	________
ihr	________	________	________	________	________
sie/Sie	________	________	________	________	________

12 Completaţi cu formele de preterit indicativ ale verbului din paranteză:

1) Ich ______________ nicht, dass er in der Stadt ist. (wissen)

2) Peter ______________ mich nicht mehr. (erkennen)

3) Er ______________ keine Zeit für uns. (haben)

4) Wir ______________ uns Sorgen um sie. (machen)

5) Er ______________ uns Blumen. (bringen)

6) Es ______________ sich um einen Vertrag. (handeln)

7) Ihr ______________ Recht, ihr ______________ nicht schuld. (haben, sein)

8) Es ______________ in Strömen und ______________ auch. (regnen, donnern)

9) Ilse ______________ uns nicht, dass sie krank ______________ . (sagen, sein)

13 Completați cu forma corespunzătoare de preterit indicativ din paranteză:

1) Er ________________ das nicht. (wusste / wusstet)
2) Hoffentlich ________________ ihr schöne Ferien. (hattet / hatten)
3) Es ________________ zu spät für einen Spaziergang im Wald. (war / wart)
4) Sie ________________ den ganzen Tag vor dem Fernseher. (saßt / saß)
5) Er ________________ ein gutes Wörterbuch. (brauchte / brauchtet)
6) Sie ________________ uns wertvolle Hinweise. (gabt / gaben)
7) Er ________________ mir bei der Arbeit. (half / halft)
8) Georg ________________ eine interessante Frage. (stellte / stelltet)
9) Sie ________________ einen interessanten Roman. (last / las)

14 Treceți propozițiile de mai jos la preterit:

1) Sie ist unsere Deutschlehrerin.

____

2) Wir haben viel Arbeit.

____

3) Er muss früher nach Hause gehen.

____

4) Sie bringt uns einen Korb mit Obst.

____

5) Es gibt keinen Grund zur Beunruhigung.

____

6) Er wartet auf seinen Kollegen.

____

7) Ihr spielt sehr gut Schach.

____

8) Sie sitzen am Tisch und lesen die Zeitung.

____

Viitorul

Viitorul = ***werden*** la prezent + ***infinitivul*** verbului de conjugat.

15 Completaţi cu forma corespunzătoare a verbului *werden*:

1) Georg ___________ Andrea heiraten.

2) Wir ___________ unsere alte Wohnung renovieren.

3) Ich ___________ nach Österreich fahren.

4) Wann ___________ du deinen Onkel Michael besuchen?

5) Bald ___________ es regnen.

6) Ihr ___________ bald merken, dass eure Kollegen ganz nett sind.

7) Peter und Georg ___________ im Hotel „Zur Krone" übernachten.

8) Petra ___________ mit dem Nachtzug kommen.

9) Wo ___________ ihr eure Ferien verbringen?

10) Du ___________ mir Recht geben.

16 Treceţi propoziţiile de mai jos la viitor:

1) Wir übersetzen diesen Artikel ins Rumänische.

____

2) Er nimmt am Wettbewerb teil.

____

3) Ihr trefft dort viele Freunde und Bekannte.

____

4) Erzählst du ihm von unserem Treffen?

____

5) Ich mache jetzt eine Pause.

____

6) Sie verstehen dich nicht.

____

Mai mult ca perfectul

Mai mult ca perfectul = ***haben*** / ***sein*** la preterit + ***participiul*** verbului de conjugat.

Ex.: Er *war* schon *weggegangen.* = El *plecase* deja.
Sie *hatte* schon *gegessen.* = Ea *mîncase* deja.

17 Completaţi cu verbul din paranteză la mai mult ca perfect:

1) Vorige Woche __________ er ihr einen Brief ________________. (schreiben)

2) Bei meiner Ankunft __________ er schon ________________. (einschlafen)

3) Margarethe __________ ihr Fahrrad _____________. (verkaufen)

4) Er __________ sie schon _________________. (anrufen)

5) Gestern __________ Anna von ihrer Reise ________________. (zurückkehren)

6) Ich __________ sie schon _____________________________. (kennen lernen)

7) Marie Louise __________ zu Hause _________________. (bleiben)

8) Eva __________ mit Peter _________________________. (einkaufen gehen)

Viitorul anterior

Viitorul anterior* = ***werden*** la prezent + ***participiul*** verbului de conjugat + ***haben*** sau ***sein*** la infinitiv.

Ex.: Er *wird* den Film *gesehen haben.* = El *va fi văzut* filmul.
Maria *wird* schon *weggegangen sein.* = Maria *va fi plecat* deja.

18 Completaţi cu *werden* la prezent şi *haben* sau *sein* la infinitiv:

1) Annette ___________ ihre Wohnung renoviert __________.

2) Unser Zug ___________ wohl angekommen __________.

3) Er ___________ das Kunsthistorische Museum besichtigt __________.

4) Die Schüler ___________ den Roman gelesen __________.

5) Das Kind ___________ eingeschlafen __________.

6) Maria __________ ihr altes Fahrrad verkauft __________.

7) Er ___________ nach Hause gegangen __________.

---

* Viitorul anterior este folosit foarte rar. Aici este prezentat cu titlu informativ.

Imperativul

Persoana a II-a Sg:	~~Du~~ komm~~st~~ zu uns. ⇒ Komm zu uns!
	~~Du~~ nimm~~st~~ Platz. ⇒ Nimm Platz!
	Dar: ~~Du~~ f*ä*hr~~st~~ aufmerksam. ⇒ F*a*hr aufmerksam!
Persoana I Pl (rar):	Wir gehen. ⇒ Gehen wir!
Persoana a II-a Pl:	~~Ihr~~ nehmt Platz. ⇒ Nehmt Platz!
Politeţe:	Sie nehmen Platz. ⇒ Nehmen Sie Platz!

19 Formaţi imperativul persoanei a II-a singular după modelul de mai jos:

herein *kommen* ⇒ *Komm* herein!

1) hinaus gehen ____________________
2) ruhig sitzen ____________________
3) die Blumen gießen ____________________
4) langsamer fahren ____________________
5) mich entschuldigen ____________________
6) weiter lesen ____________________
7) alles essen ____________________
8) mich in Ruhe lassen ____________________
9) schneller laufen ____________________

20 Care formă de imperativ singular este corectă?

	a.	b.
1)	a. Schläf gut!	b. Schlaf gut!
2)	a. Sprech lauter!	b. Sprich lauter!
3)	a. Has keine Angst!	b. Hab keine Angst!
4)	a. Sei vorsichtig!	b. Bist vorsichtig!
5)	a. Wart auf mich!	b. Warte auf mich!
6)	a. Ruf mich später an!	b. Anruf mich später!
7)	a. Einsteig!	b. Steig ein!
8)	a. Geb Acht!	b. Gib Acht!
9)	a. Höre auf damit!	b. Hör auf damit!
10)	a. Tu das nicht!	b. Tue das nicht!

21 Formaţi imperativul persoanei a II-a plural:

1) zu uns kommen ______________________
2) mehr Obst und Gemüse essen ______________________
3) nicht egoistisch sein ______________________
4) keine Drogen nehmen ______________________
5) regelmäßig Sport treiben ______________________
6) eure Freunde einladen ______________________

22 Reformulaţi după model:

Du sollst Platz *nehmen.* ⇒ *Nimm* Platz!
Ihr sollt Platz *nehmen.* ⇒ *Nehmt* Platz!

1) Du sollst mir die Zeitung geben. ______________________
2) Ihr sollt mehr lesen. ______________________
3) Du sollst das Fenster zumachen. ______________________
4) Ihr sollt Verständnis für ihn haben. ______________________
5) Du sollst mir öfter schreiben. ______________________
6) Du sollst dich benehmen. ______________________
7) Ihr sollt mit ihm sprechen. ______________________
8) Du sollst ihm helfen. ______________________
9) Ihr sollt hier warten. ______________________
10) Ihr sollt mir zuhören. ______________________

23 Formaţi imperativul de politeţe:

1) rechtzeitig kommen *Kommen* ________________!
2) mir verzeihen ______________________
3) Ihre Papiere zeigen ______________________
4) Geduld haben ______________________
5) so freundlich sein ______________________
6) zu rauchen aufhören ______________________

Verbe cu particulă separabilă şi neseparabilă

Cele mai frecvente particule neseparabile sînt ***be-***, ***emp-***, ***ent-***, ***er-***, ***ge-***, ***hinter-***, ***miss-***, ***ver-***, ***wider-*** şi ***zer-***. Aceste particule se pronunţă neaccentuat. Verbele cu particulă neseparabilă nu primesc prefixul ***ge-*** la participiu.

24 Completaţi cu verbul din paranteză la forma temporală indicată:

1) Er ________________ leider kein Deutsch. (verstehen, *prezent*)

2) Maria ________________ ihre Großmutter sehr oft. (besuchen, *preterit*)

3) Georg ________________ seiner Tochter das Haus. (hinterlassen, *prezent*)

4) Die Kinder _______ das Spielzeug ________________ . (zerstören, *perfect*)

5) Karin ________________ einen Brief aus Mauritius. (empfangen, *prezent*)

6) Er _______ uns alle ________________ . (enttäuschen, *mai mult ca perfect*)

7) Wir _______ euch von unserer Reise ________________ . (erzählen, *viitor*)

8) Euer Haus ________________ mir sehr gut. (gefallen, *prezent*)

9) Der letzte Versuch _______ ihm ________________ . (misslingen, *perfect*)

10) Peter ________________ seinen Freunden nicht. (widersprechen, *preterit*)

Cele mai frecvente particule separabile sînt ***ab-***, ***an-***, ***auf-***, ***aus-***, ***bei-***, ***durch-***, ***ein-***, ***fest-***, ***her-***, ***hin-***, ***los-***, ***mit-***, ***nach-***, ***vor-***, ***vorher-***, ***weg-***, ***wieder-***, ***zu-***, ***zurück-*** şi ***zusammen-***. Ele sînt accentuate şi stau pe ultimul loc în propoziţie la prezent, preterit şi imperativ. La participiu, particula ***-ge-*** se intercalează între particula separabilă şi verb. Ca o excepţie, verbul ***wiederholen*** este neseparabil.

25 Completaţi cu verbul din paranteză la forma temporală indicată:

1) Er ________________ dem Professor interessiert _______ . (zuhören, *prezent*)

2) Wir ________________ uns auf die Reise _______ . (vorbereiten, *prezent*)

3) ________________ im Internet _______ ! (nachschauen, *imperativ singular*)

4) Petra ________________ die Lektion _______ . (wiederholen, *preterit*)

5) Wann ________________ du mir die CD _______ ? (zurückgeben, *prezent*)

6) Anna ________________ ein Experiment _______ . (durchführen, *preterit*)

7) ________________ Sie bitte dieses Formular _______ ! (ausfüllen, *imperativ*)

8) Hoffentlich ________________ wir uns bald _______ . (wiedersehen, *prezent*)

26 Treceţi propoziţiile de mai jos la perfect:

1) Ich rufe meinen Freund später an.

____

2) Sie trägt ihren Namen ins Register ein.

____

3) Georg zieht von zuhause aus.

____

4) Im Sommer schließt er sein Studium ab.

____

5) Julia nimmt sich vor, Deutsch zu lernen.

____

6) Sabine stellt mir ihren Freund vor.

____

7) Peter geht weg und kommt nicht mehr zurück.

____

27 Treceţi propoziţiile de mai jos la prezent:

1) Der Wetterbericht hat Regen und starken Wind hervorgesagt.

____

2) Martin ist unserem Verein beigetreten.

____

3) Heute hat sie ihr Zimmer aufgeräumt.

____

4) Habt ihr bei diesem Projekt mitgemacht?

____

5) Er hat ihre Hand losgelassen und ist weggegangen.

____

6) Maria hat die Tür zu und das Fenster aufgemacht.

____

Infinitivul

Infinitivul este legat de verbul predicativ (verbul conjugat sau finit) prin ***zu***. La verbele cu particulă separabilă, ***zu*** se intercalează între aceasta şi corpul verbului.

Următoarele categorii de verbe cer infinitiv *fără **zu***:

- **Verbele modale**: *dürfen, können, mögen, müssen, sollen* şi *wollen.*
- **Verbele de percepţie senzorială**: *hören, sehen, fühlen, spüren.*
- **Verbele care exprimă o deplasare**: *gehen, fahren, kommen* etc.
- **Verbele** *werden* (auxiliar de viitor), *lassen, bleiben.*

28 Completaţi cu particula *zu* doar acolo unde este nevoie:

1) Er lässt sich ein neues Haus ____ bauen.

2) Er beabsichtigt, nächstes Jahr nach Deutschland ____ fahren.

3) Ich hörte ihn die Tür ____ öffnen.

4) Er fühlt sein Herz kräftig ____ schlagen.

5) Er verspricht uns öfter ____ schreiben.

6) Sie bleibt vor dem Schaufenster ____ stehen.

7) Nach fünf Minuten begann es ____ regnen.

8) Am Nachmittag gehe ich im Park ____ spazieren.

9) Ich sehe sie die Straße ____ überqueren.

10) Er bat uns, ihm beim Gepäck ____ helfen.

11) Ich spüre den Wind über das Zelt ___ streifen.

12) Er plant in zwei Wochen nach Paris ___ fahren.

29 Completaţi cu verbul din paranteză la infinitiv şi cu particula *zu*:

1) Es fällt ihm schwer, von zuhause ________________________ . (weggehen)

2) Sie beabsichtigt, ihr altes Apartment ____________________ . (verkaufen)

3) Ich habe vergessen, ihn __________________________ . (anrufen)

4) Wann habt ihr vor, eure Freunde in Berlin ____________________ ? (besuchen)

5) Es war schön, dich ______________________________ . (kennen lernen)

6) Sie entschließt sich nach Rom _____________________ . (umziehen)

Verbele modale

dürfen*, *durfte*, *gedurft = a avea voie (o permisiune, un drept, o interdicţie)
können*, *konnte*, *gekonnt = a putea (o posibilitate, o capacitate, o permisiune)
mögen*, *mochte*, *gemocht = a(-i) plăcea (o preferinţă, o dorinţă, o probabilitate)
müssen*, *musste*, *gemusst = a trebui (o necesitate, o constrîngere)
sollen*, *sollte*, *gesollt = a trebui (o cerinţă, o indicaţie, o obligaţie morală, un sfat)
wollen*, *wollte*, *gewollt = a vrea (o intenţie, o dorinţă)

30 Completaţi cu formele de prezent ale verbelor modale:

	dürfen	***können***	***mögen***	***müssen***	***sollen***	***wollen***
ich	*darf*			*muss*		
du			*magst*			*willst*
er/sie/es		*kann*			*soll*	
wir						
ihr						
sie/Sie						

31 Completaţi cu verbul *dürfen* la prezent:

1) Was ____________ es sein?

2) Wir ____________ keinen Fehler machen.

3) Ihr ____________ jetzt gehen.

4) ____________ ich Ihnen helfen?

5) Du ____________ hier nicht über die Straße gehen.

6) Hier ____________ man nicht rauchen.

32 Completaţi cu verbul *können* la prezent:

1) Er ____________ sehr gut schwimmen.

2) ____________ ich etwas für Sie tun?

3) Wir ____________ auch mit dem Nachtzug fahren.

4) Maria und Petra ____________ sehr gut Englisch.

5) ____________ ihr uns den Weg weisen?

6) Du ____________ deine Freunde mitbringen.

33 Completaţi cu verbul *mögen* la prezent:

1) Wir _____________ nicht mit dem Auto fahren.
2) Er _____________ seine neue Kollegin nicht.
3) Du kannst tun, was du _____________ .
4) Kinder _____________ helle, warme Räume.
5) Welche Haustiere _____________ ihr?

34 Completaţi cu verbul *müssen* la prezent:

1) Wir _____________ jetzt weg.
2) Dein Finger blutet. Du _____________ zum Arzt gehen.
3) Es _____________ ein Irrtum sein.
4) Ich _____________ dir etwas Wichtiges sagen.
5) Wenn das Auto kaputt ist, _____________ ihr zu Fuß gehen.
6) Er _____________ jetzt nach Hause fahren.

35 Completaţi cu verbul *sollen* la prezent:

1) Mein Chef hat angerufen. Ich ___________ noch zur Bank gehen.
2) Ihr ___________ gesünder essen und nicht mehr rauchen.
3) Du _____________ dich benehmen.
4) Wir _____________ nicht stolz auf uns selbst sein.
5) Was _____________ das heißen?

36 Completaţi cu verbul *wollen* la prezent:

1) Was _____________ du mir sagen?
2) Ich _____________ Arzt werden.
3) Wir _____________ eine Reise nach Spanien machen.
4) _____________ ihr mit dem Bus fahren?
5) Er _____________ das nicht.

37 **Completaţi cu verbul modal adecvat:**

1) Der Kühlschrank ist leer. Wir ___________ einkaufen gehen. (müssen, können)
2) Der Chef sagt, du _____________ zu ihm ins Büro gehen. (sollst, musst)
3) Nur der Elektriker _____________ kaputte Steckdosen reparieren. (kann, darf)
4) Ich _____________ Sie um einen Gefallen bitten. (möchte, will)
5) Du hast noch Zeit, du _____________ noch länger bleiben. (darfst, kannst)
6) Peter _____________ sich das teuerste Fahrrad kaufen. (darf, will)
7) Du _____________ endlich mit dem Einkaufen aufhören! (musst, kannst)
8) Seine Freundin _____________ nicht lange in der Küche stehen, deshalb geht sie lieber in der Stadt essen. (mag, will)
9) Er ___________ sich bemühen, alles ein bisschen lockerer zu sehen. (will, mag)
10) Es tut mir leid, aber ohne Brille _____________ ich nicht lesen. (kann, mag)
11) Sag mir, was _____________ ich jetzt tun? (muss, soll)
12) Mit 18 _____________ man Auto fahren. (kann, darf)

38 **Reformulaţi după următorul model, folosind verbe modale:**

Er *hat vor*, Deutsch zu lernen. ⇒ Er *will* Deutsch lernen.

1) Der Eisbär *ist imstande*, sehr niedrige Temperaturen zu ertragen.

____

2) Sie *ist gezwungen*, sich einen neuen Computer zu kaufen.

____

3) Sie *haben die Absicht*, sich selbständig zu machen.

____

4) Er *hat die Aufgabe*, den Vertrag zu überprüfen.

____

5) Er *hat den Wunsch*, einmal mit solch einem Auto zu fahren.

____

6) Georg *hat die Erlaubnis*, heute früher nach Hause zu gehen.

____

39 Reformulaţi după următorul model, folosind *brauchen* + *zu* + *infinitiv*:

> Er *muss* nicht mehr lange warten. ⇒
> Er *braucht* nicht mehr lange *zu* warten.

1) Ihr müsst euch keine Sorgen machen.

____

2) Wir müssen den Gewinn mit niemandem teilen.

____

3) Sie muss ihn nicht mehr anrufen.

____

4) Du musst mir das nicht erzählen.

____

5) Sie muss sich nicht um diese Probleme kümmern.

____

40 Completaţi cu verbul modal din paranteză la preterit:

1) Er _____________ von klein auf immer nur Schauspieler werden. (wollen)

2) Ich _____________ mich nicht mehr an seinen Namen erinnern. (können)

3) Er war sehr nett und wir _____________ ihn alle sehr gern. (mögen)

4) Die Besucher _____________ die Exponate nicht berühren. (dürfen)

5) Meine Schwester _____________ zu Hause bleiben. (sollen)

6) Wie lange _____________ ihr auf ihn warten? (müssen)

7) Die Schüler _____________ an vielen Experimenten teilnehmen. (können)

8) _____________ ihr das? Nein, wir _____________ das nicht. (wollen)

9) Wir _____________ noch auf einen verspäteten Teilnehmer warten. (müssen)

10) Was _____________ ihr für diese Party mitbringen? (sollen)

11) Als sie schwanger war, _____________ sie nicht mit Katzen spielen. (dürfen)

12) Seine Schwägerin _____________ ganz gut Schach spielen. (können)

13) Er _____________ noch einmal in seine Wohnung zurück. (müssen)

14) Was _____________ du damit sagen? (wollen)

Perfectul verbelor modale

Auxiliarul de trecut al verbelor modale este verbul *haben*.

Atunci cînd sînt folosite modal, adică împreună cu un alt verb la infinitiv, verbele modale (dar şi *lassen*, *hören*, *sehen*, *fühlen* şi *spüren*) fac perfectul şi mai mult ca perfectul cu forma lor de infinitiv, nu cu forma de participiu.

Ex.: Er *hat* dir bei der Arbeit helfen *wollen*. = El *a vrut* să te ajute la lucru.

Folosite predicativ, adică fără alt verb la infinitiv, modalele fac perfectul şi mai mult ca perfectul cu forma lor de participiu, la fel ca majoritatea verbelor.

Ex.: Sie *hat* auch Deutsch *gekonnt*. = Ea *a ştiut* şi germană.

41 Completaţi cu verbul modal din paranteză la perfect:

1) Er _________ uns nur nach dem Weg fragen ______________. (wollen)

2) Ich _________ noch einmal in die Stadt gehen ______________. (müssen)

3) Früher _________ er viel besser Spanisch ______________. (können)

4) _________ du nicht in die Disco ______________? (dürfen)

5) Leider _________ er das Rauchen nicht aufgeben ____________. (können)

6) Inge und Georg __________ sich ein Haus kaufen ____________. (wollen)

7) Peter _________ dringend zum Arzt ______________. (müssen)

8) Sie _________ nach Hause ______________. (wollen)

9) Wir _________ sie nie ______________. (mögen)

10) Er _________ den Prospekt nicht übersetzen ______________. (können)

42 Completaţi cu verbul din paranteză la perfect:

1) Er _________ sich die Haare schneiden ______________. (lassen)

2) Entschuldigung, ich _________ dich nicht ______________. (hören)

3) Sie _________ zusammen spazieren ______________. (gehen)

4) Ich __________ihn nach Hause kommen ______________. (sehen)

5) Petra _________ uns über den Ausflug sprechen ______________. (hören)

6) Voriges Jahr _________ ich schwimmen ______________. (lernen)

7) Wo __________ ich bloß mein Fahrrad ____________? (lassen)

8) Wir _________ euch seit langem nicht mehr ______________. (sehen)

43 Treceţi următoarele propoziţii la perfect:

1) Was wollte er von dir?

____

2) Er musste zu Hause bleiben.

____

3) Damals konnte ich nicht gut genug Englisch.

____

4) Wir mögen sie sehr.

____

5) Sie wollte in die Disko gehen, aber sie durfte nicht.

____

6) Bastian soll zur Bank gehen.

____

7) Er hört seinen Nachbarn Geige spielen.

____

8) Sie lässt sich einen Zahn ziehen.

____

9) Was wolltet ihr damit sagen?

____

10) Wir sehen unsere Freunde einen Walzer tanzen.

____

11) Warum bleibt ihr plötzlich stehen?

____

12) Wer lehrte dich Schach spielen?

____

13) Maria geht auf dem Markt einkaufen.

____

14) Die Kandidaten dürfen kein Wörterbuch benutzen.

____

Pasivul

Prezent = ***wird*** + *participiu*
Ex.: Er wird von ihr gesucht. = El este căutat de ea.

Preterit = ***wurde*** + *participiu*
Ex.: Er wurde von ihr gesucht. = El era / a fost căutat de ea.

Perfect = ***ist*** + *participiu* + ***worden***
Ex.: Er ist von ihr gesucht worden. = El a fost căutat de ea.

Mai mult ca perfect = ***war*** + *participiu* + ***worden***
Ex.: Er war von ihr gesucht worden. = El fusese căutat de ea.

Viitor = ***wird*** + *participiu* + ***werden*** (participiu + *werden* = infinitiv pasiv)
Ex.: Er wird von ihr gesucht werden. = El va fi căutat de ea.

Viitor anterior = ***wird*** + *participiu* + ***worden sein***
Ex.: Er wird von ihr gesucht worden sein. = El va fi fost căutat de ea.

44 Completaţi cu participiul verbelor din paranteză:

1) Der Kandidat wird von einer Kommission ________________ . (prüfen)

2) Dieses Magazin wird von vielen Frauen ________________ . (lesen)

3) Die Lampe wird vom Elektriker ________________ . (reparieren)

4) Diese Firma wird an die Konkurrenz ________________ . (verkaufen)

5) Wir werden oft von ihm ________________ . (anrufen)

6) Bitte lächeln! Ihr werdet ________________ . (filmen)

7) Wie wirst du von deinen Freunden ________________ ? (nennen)

8) Am Bahnhof werde ich von einem Freund ________________ . (abholen)

45 Completaţi cu *werde - wirst - wird - werden - werdet*:

1) Peter ____________ von seinen Lehrern gelobt.

2) Von wem ____________ ihr auf der Reise begleitet?

3) Du ____________ von deinen Freunden gerufen.

4) Wir ____________ von der lauten Musik gestört.

5) Ich ____________ von einem sehr guten Lehrer betreut.

6) Petra und Taisia ____________ auf eine Geburtstagsfeier eingeladen.

7) Das schwer beschädigte Gebäude ____________ heute abgerissen.

46 Completaţi cu verbul din paranteză la pasiv prezent:

1) Das Fenster *wird* von einem Schüler ________________ . (öffnen)

2) Wir __________ von einer netten Dame _________________ . (empfangen)

3) Das Kind __________ gegen Grippe ________________ . (impfen)

4) Um 11 Uhr __________ ihr vor dem Rathaus _______________ . (erwarten)

5) Von ihm __________ du mit Rat und Tat _______________ . (unterstützen)

6) Grüne Oliven __________ im Herbst ________________ . (pflücken)

7) Die Patienten __________ vom Chefarzt _________________ . (behandeln)

8) Der Bauplan _________ von Architekten _________________ . (entwerfen)

9) Die Katze __________ von einem Tierarzt ________________ . (operieren)

10) Wann __________ der Brokkoli _________________ ? (ernten)

11) Die Kontrollarbeiten __________ vom Lehrer _____________ . (korrigieren)

47 Treceţi propoziţiile de mai jos la pasiv prezent:

1) Peter streichelt *den Hund.*

Der Hund ___________ von Peter ________________________________ .

2) Seine Freunde besuchen *ihn* oft.

Er __________ oft von seinen Freunden _________________________ .

3) Ein Tourist fotografiert *das Schloss.*

____________________________ einem Touristen ________________ .

4) Der Tischler repariert die Schäden.

____

5) Georg ruft Maria an.

____

6) Der Koch bereitet das Frühstück vor.

____

7) Karin lädt uns auf ihre Geburtstagsfeier ein.

____

48 Transformaţi propoziţiile de la activ cu subiect *man* în propoziţii la pasiv:

In der Bibliothek *spricht* man nur leise. ⇒
In der Bibliothek *wird* nur leise *gesprochen*.

1) Hier spricht man Deutsch.

____

2) Bei uns tanzt man gern.

____

3) In unserem Haus raucht man nicht.

____

4) Brot kauft man beim Bäcker.

____

5) Man sagt, dass dieser Tee den Kopf klar hält.

____

6) Man diskutiert über ein neues Produkt.

____

49 Completaţi cu verbul din paranteză la pasiv preterit:

1) Der Computer *wurde* vorige Woche ____________ . (reparieren)

2) Die Blumen ___________ vom Gärtner _________________ . (pflanzen)

3) Das Kind ___________ von der Babysitterin gut ______________ . (behandeln)

4) Es ___________ über allerlei Themen _________________ . (diskutieren)

5) Ihr ___________ von eurem Onkel _________________ . (suchen)

6) Andreas Kohl ___________ zum Direktor ___________________ . (befördern)

7) Wir ___________ von einem Polizisten ______________________ . (aufhalten)

8) Goethes „Faust“ ___________ von Lucian Blaga und Ştefan Augustin Doinaş ins Rumänische __________________ . (übersetzen)

9) Wann ___________ du von ihm __________________ ? (anrufen)

10) Er ___________ von der Lehrerin ___________________ . (ansprechen)

11) Der leckere Kuchen ___________ vom Hund _________________ . (fressen)

50 Completaţi cu verbul din paranteză la pasiv perfect:

1) Der Aufzug *ist* vom Schlosser ____________________ *worden.* (reparieren)

2) Der Roman *ist* von allen Studenten ____________________________ . (lesen)

3) Das Fenster _______ von Peter ____________________________ . (schließen)

4) Dieses Buch _______ schon ____________________________ . (übersetzen)

5) Wir ________ von unserem Nachbarn ________________________ . (grüßen)

6) Du _______ von deinem Chef ____________________________ . (rufen)

7) Die Pflanzen _________ von Maria __________________________ . (gießen)

8) Das Zimmer _______ schon ______________________________ . (aufräumen)

9) Der Dieb _______ gestern ______________________________ . (festnehmen)

10) Dieser Text ________ häufig _____________ und _____________________ .
(lesen, kommentieren)

51 Treceţi următoarele propoziţii de la pasiv preterit la pasiv perfect:

1) Das alte Haus wurde renoviert.

Das alte Haus ist ____

2) Die Wände wurden gestrichen.

____

3) Die alten Möbel wurden verkauft.

____

4) Neue Möbel wurden bestellt.

____

5) Wir wurden von unseren Freunden abgeholt.

____

6) Er wurde für seine Diplomarbeit ausgezeichnet.

____

7) Die Inschrift wurde von Archäologen entziffert.

____

52 Completaţi cu verbul din paranteză la pasiv mai mult ca perfect:

1) Die Torte *war* schon ______________ *worden.* (essen)
2) Die Aufgabe _______ vom Schüler ______________ *worden.* (lösen)
3) Die Blumen _______ vom Gärtner ____________________. (pflanzen)
4) Ulrike _______ von ihren Enkeln ____________________. (besuchen)
5) Das Zimmer _______ vorige Woche ____________________. (reservieren)
6) Das Geschenk _______ schon gestern ____________________. (kaufen)
7) Die Exponate _______ von vielen Besuchern ____________________. (bewundern)

53 Completaţi cu verbul din paranteză la pasiv viitor:

1) Der Hund *wird* von Peter _________________ *werden.* (waschen)
2) Ihr _______ von Georg _________________ *werden.* (abholen)
3) Du _______ von deiner Kollegin ____________________. (begleiten)
4) Das Haus _______ bald _________________________. (renovieren)
5) Die Goldmedaille _______ wahrscheinlich von einer Turnerin aus Rumänien ______________________________. (gewinnen)
6) Die Aufsätze ________ vom Lehrer ___________________. (korrigieren)
7) Er _______ vom Arzt ______________________________. (untersuchen)
8) Morgen ________ von Radio Berlin nur deutsche Schlager ____________ __________________. (senden)

54 Completaţi cu verbul din paranteză la pasiv viitor anterior:

1) Das Haus *wird* schon ______________ *worden sein.* (verkaufen)
2) Die Lampe _______ schon ______________ *worden* ______. (reparieren)
3) Der Fehler _______ vom Lehrer _____________________. (übersehen)
4) Das Angebot ______ von der Sekretärin _________________________. (übersetzen)

Verbe modale în construcţii la pasiv

Dacă o propoziţie cu verb modal este trecută la pasiv, atunci verbul modal rămîne la acelaşi timp gramatical, dar se acordă cu noul subiect, care corespunde complementului direct din propoziţia de la activ. Verbul la infinitiv activ care însoţea modalul trece la infinitiv pasiv (*participiu* + *werden*):

Ex.: Die Schüler mussten den Roman *lesen*. ⇒
Der Roman musste von den Schülern *gelesen werden*.

55 Completaţi cu infinitivul pasiv al verbului din paranteză:

1) Dieser Prospekt soll von der Sekretärin ______________ *werden*. (übersetzen)

2) Der Computer muss ____________________________. (reparieren)

3) Die Ausstellung kann vom Publikum ______________________. (besuchen)

4) Ich möchte von niemandem ________________________. (stören)

5) Der Patient will nicht ____________________________. (operieren)

6) Die Tiere dürfen nicht von Besuchern ______________________. (füttern)

7) Die Übung konnte nicht _________________________. (lösen)

56 Treceţi următoarele propoziţii de la activ la pasiv:

1) Diese Blumen soll man einmal pro Tag gießen.

Diese Blumen sollen ____

2) Wir sollen den Betrag bis nächste Woche zahlen.

Der Betrag soll ____

3) Das Obst musste man früher als gewöhnlich ernten.

____

4) Die Studenten konnten diesen Abschnitt nicht übersetzen.

____

5) In der Bibliothek darf man nur leise sprechen.

____

6) Die Besucher durften das alte Gemälde nicht fotografieren.

____

Pasivul stării

Atunci cînd propoziţia la pasiv se referă la starea subiectului după încheierea acţiunii, se foloseşte ***pasivul stării***. Spre deosebire de pasivul acţiunii, pasivul stării se formează cu verbul auxiliar *sein*. Participiul care intră în componenţa pasivului stării este asemănător cu un adjectiv, uneori putînd fi chiar înlocuit cu un adjectiv. Pasivul stării nu are complement de agent.

Prezent = ***ist*** + *participiu*
Ex: Der Platz ist besetzt. = Locul e ocupat (nu e liber).
Preterit = ***war*** + *participiu*
Ex: Der Platz war besetzt. = Locul era ocupat.
Perfect = ***ist*** + *participiu* + ***gewesen***
Ex: Der Platz ist besetzt gewesen. = Locul a fost ocupat.
Mai mult ca perfect = ***war*** + *participiu* + ***gewesen***
Ex: Der Platz war besetzt gewesen. = Locul fusese ocupat.
Viitor = ***wird*** + *participiu* + ***sein***
Ex: Der Platz wird besetzt sein. = Locul va fi ocupat.
Viitor anterior = ***wird*** + *participiu* + ***gewesen sein***
Ex: Der Platz wird besetzt gewesen sein. = Locul va fi fost ocupat.

57 Completaţi cu verbul din paranteză la pasivul stării, timpul prezent:

1) Die Lektion *ist* schon __________________. (lesen)

2) Die Aufsätze _______ schon __________________. (korrigieren)

3) Die Äpfel _______ seit voriger Woche ________________. (ernten)

4) Der Schaden _______ seit langem ____________________. (beseitigen)

5) Die neue Deutschlehrerin _______ sehr _________________. (schätzen)

6) Die Sache _______ schon ________________. (erledigen)

58 Pasivul acţiunii (*werden*) sau pasivul stării (*sein*)?

1) Das Buch, das du suchst, _________ ausverkauft. (wird / ist)

2) Der Computer _________ gerade repariert. (wird / ist)

3) Amerika _________ 1492 von Columbus entdeckt. (wurde / war)

4) Es tut mir leid, diese Plätze _________ besetzt. (werden / sind)

5) Dieses Modell _________ sehr gefragt. (wird / ist)

6) Das Abendessen _________ vom Vater vorbereitet. (wird / ist)

59 Treceţi următoarele propoziţii de la activ la pasiv:

1) Die Empfangsdame begrüßt die Hotelgäste.

Die Hotelgäste werden ______________________________

2) Er fragte mich, ob ich auf den Ausflug mitgehen will.

____

3) Die Feuerwehr rettete den Hund.

____

4) Man zeigt den Touristen viele Museen und Schlösser.

____

5) Mein Kollege soll den Investitionsplan erstellen.

____

6) Man wird alle notwendigen Daten sammeln.

____

60 Treceţi următoarele propoziţii de la pasiv la activ:

1) Pauls Eltern werden von der Klassenlehrerin angerufen.

Die Klassenlehrerin ruft ______________________________

2) 70% aller Spielzeuge der Welt werden in China hergestellt.

____

3) Das Fahrzeug war technisch überprüft worden.

____

4) Der Taschendieb wurde von der Polizei auf frischer Tat festgenommen.

____

5) Den Studenten wird von dem Professor eine Theorie erklärt.

____

6) Der Stephansdom ist voriges Jahr von vielen ausländischen Touristen besichtigt worden.

____

Condiţionalul

Condiţionalul prezent se exprimă în vorbirea uzuală prin ***würde + infinitiv***:

Er *würde* dir die Regel *erklären*, wenn du ihn darum *bitten würdest.*
(El ţi-*ar explica* regula, dacă l-*ai ruga.*)

În cazul cîtorva verbe (*sein, haben, wissen, werden, verbe modale* etc.), se folosesc formele de preterit conjunctiv. Acesta se formează prin adăugarea pe a doua formă de bază a verbului (rădăcina de preterit) a terminaţiilor *-e, -est, -e, -en, -et, -en.*
În unele cazuri, vocala accentuată din rădăcina verbului se modifică:

haben, h*a*tte, gehabt ⇒ ich *hätte = aş avea*
sein, war, gewesen ⇒ ich *wäre = aş fi*
wissen, wusste, gewusst ⇒ ich *wüsste = aş şti*
brauchen, brauchte, gebraucht ⇒ ich *bräuchte = aş avea nevoie*
sollen, sollte, gesollt ⇒ ich *sollte* = eu *ar trebui* să (dar şi: eu a trebuit să)

61 Completaţi cu verbul din paranteză la condiţional prezent:

1) Er ______________ dir sein Fahrrad leihen. (können)

2) Ich ______________ gern ________________ . (mitkommen)

3) Was ______________ ihr an meiner Stelle ______________ ? (tun)

4) Wir ______________ uns ________________ , ihn kennen zu lernen. (freuen)

5) Maria ______________ dasselbe ________________ . (machen)

6) Was ________________ Sie trinken? (mögen)

7) Ich ________________ eine Tasse Kaffee. (mögen)

8) Wir ________________ damit zufrieden. (sein)

9) Wir ________________ das Zimmer aufräumen. (sollen)

10) ________________ Petra eine Frage stellen? (dürfen)

11) Er ______________ über mein Benehmen ________________ . (lachen)

12) Karla ______________ jetzt keine Zeit für solche Sachen. (haben)

13) Ich ______________ ihm etwas anderes ________________ . (empfehlen)

14) Was ______________ du von ihm ________________ ? (erwarten)

15) Zu welchem Studium ______________ Sie mir ______________ ? (raten)

16) Er ______________ mehr lernen. (müssen)

62 Reformulaţi mai politicos, folosind condiţionalul (preterit conjunctiv):

1) *Darf* ich Sie etwas fragen?

____

2) *Können* wir eine Pause machen?

____

3) *Ist* das in Ordnung?

____

4) *Hast* du ein wenig Zeit für mich?

____

5) *Magst* du einen Kaffee?

____

63 Treceţi următoarele propoziţii la condiţional prezent, după modelul de mai jos:

Wenn ich Zeit *habe*, *gehe* ich gern spazieren. ⇒ Wenn ich Zeit *hätte*, *würde* ich gern spazieren *gehen*.

1) Wenn er zu uns kommt, lernen wir zusammen.

____

2) Wenn wir zu Hause sind, arbeiten wir gern im Garten.

____

3) Wenn er mich besucht, freue ich mich.

____

4) Wenn du Geduld hast, kannst du mehr erreichen.

____

5) Wenn du mir hilfst, bin ich schneller mit der Arbeit fertig.

____

6) Wenn sie gesund ist, kommt sie ins Kino mit.

____

7) Wenn er ein Wörterbuch braucht, gebe ich ihm meines.

____

Condiţionalul trecut = ***hätte*** sau ***wäre*** + ***participiul*** verbului de conjugat.

Wenn er zu uns *gekommen wäre*, *hätten* wir zusammen *gelernt*.
(Dacă *ar fi venit* la noi, *am fi învăţat* împreună.)

64 Completaţi cu verbul din paranteză la condiţional trecut:

1) Wir *hätten* jenes Haus __________________. (kaufen)

2) Allein ____________ ihr eine bessere Lösung __________________. (finden)

3) Wir *wären* länger in den Bergen __________________. (bleiben)

4) Er ____________ in die Stadt __________________. (gehen)

5) ____________ ihr damit einverstanden __________________? (sein)

6) ____________ du so etwas __________________? (essen)

7) Ich ____________ nach Italien __________________. (reisen)

8) Wenn er diesen Fehler nicht __________________ *hätte*! (machen)

9) Wenn er zu uns ______________________ *wäre*! (kommen)

10) Wenn ich mehr Zeit ______________________________! (haben)

11) Wenn Rita länger bei uns ______________________________! (bleiben)

12) Wenn er das ______________________________! (wissen)

65 Treceţi verbul modal din paranteză la condiţional trecut, după model:

> Predicativ: Er *hätte* das nicht *gewollt*. (El nu *ar fi vrut* asta.)
> Modal: Er *hätte* mehr essen *sollen*. (El *ar fi trebuit* să mănânce mai mult.)

1) Wir ____________ das nicht _________________. (dürfen)

2) Unsere Kollegen ____________ uns das sagen _________________. (müssen)

3) Was ______________ ich denn machen _________________? (sollen)

4) Du ______________ das nicht machen _________________. (dürfen)

5) Ihr ______________ mit uns arbeiten _________________. (können)

6) Ich ______________ sofort nach Hause _________________. (müssen)

7) Dann ______________ ich sie noch mehr _________________. (mögen)

8) Er ______________ dir etwas zeigen _________________. (wollen)

9) Das ______________ sie nicht _________________. (können)

66 Transformaţi condiţionalul prezent cu *würde* în condiţional trecut:

1) Ich würde gern auf den Ausflug gehen.

Ich wäre gern ____

2) Er würde uns vieles über seinen Kollegen erzählen.

Er hätte uns ____

3) Ich würde meiner Frau diese schönen Blumen schenken.

____

4) Ich würde gern spazieren gehen.

____

5) Ich würde dich gern auf meine Geburtstagsfeier einladen.

____

67 Treceţi propoziţiile de mai jos la condiţional prezent şi condiţional trecut:

1) Ich gehe einkaufen.

Ich *würde* einkaufen ______________ .

Ich *wäre* einkaufen ______________ .

2) Sie fragt ihn etwas.

Sie ____________ ihn etwas ______________ .

Sie ____________ ihn etwas ______________ .

3) Wenn er Geld hat, kauft er sich ein Fahrrad.

Wenn er Geld ____________ , *würde* er sich ein Fahrrad ______________ .

Wenn er Geld *gehabt* ____________ , *hätte* er sich ein Fahrrad ______________ .

4) Wenn sie nach Rumänien kommt, besucht sie uns.

____

____

5) Wenn du willst, kann ich dir helfen.

____

____

68 Traduceţi în limba germană:

1) Cînd mergeţi în Grecia?

___

2) Eu nu am ştiut asta.

___

3) Veţi vizita mai multe ţări?

___

4) Ea văzuse deja filmul.

___

5) Fiţi prevăzători!

___

6) Ea intenţionează să înveţe limba spaniolă.

___

7) El se operează luna viitoare. (*lassen* + infinitiv)

___

8) În spital nu e voie să se fumeze.

___

9) Televizorul a trebuit (să fie) din nou reparat.

___

10) Am dori o cameră dublă cu baie.

___

11) Ar trebui să fim deja acolo.

___

12) Dacă aş putea, ţi-aş împrumuta bicicleta mea.

___

13) Dacă ar fi trebuit, el ar fi făcut asta.

___

14) Dacă ea ar fi rămas mai mult timp aici, aş fi ştiut şi eu.

___

Vorbirea indirectă

Vorbirea indirectă se realizează prin verbe ale relatării (*sagen*, *erzählen* etc.), prin topica specifică de subordonată și prin forme de conjunctiv prezent, perfect sau viitor, iar acolo unde acestea coincid cu cele de indicativ, prin forme de conjunctiv preterit sau mai mult ca perfect ori prin formule perifrastice (*würde* + infinitiv).*

69 Completați cu verbul din paranteză la conjunctiv prezent:

1) Hans sagt, er ________ jetzt keine Zeit. (haben)

2) Man sagt, dass Gertrude heute krank ________ . (sein)

3) Der Sportlehrer meint, dass du gut schwimmen ________ . (können)

4) Die Mutter sagt, ich ________ noch Brot kaufen gehen. (sollen)

5) Matthias sagt, dass ihr immer rechtzeitig ________ . (kommen)

6) Clara sagt, dass sie nichts von dieser Reise __________ . (wissen)

7) Georg behauptet, dass er immer sorgfältig ________ . (arbeiten)

8) Maria erzählt, dass ihre kleine Tochter schon gut __________ . (lesen)

9) Sie berichtet, dass der Kranke sich wieder besser __________ . (fühlen)

10) Man sagt, du ________ bald gut Deutsch sprechen, dein Bruder aber ________ mehr Erfolg im Englischen haben. (werden).

70 Completați cu verbul din paranteză la conjunctiv perfect. La verbele care fac perfectul cu *haben*, folosiți *hätte* și *hätten* la persoana I sg. și pl. și III. pl.:

1) Peter behauptet, er ________ gestern nicht zu Hause ______________ . (sein)

2) Er fragte mich, ob du das Studium ______________ ________ . (abschließen)

3) Die Mädchen sagen, sie ________ im Park ______________ . (spazieren)

4) Markus sagt, er ________ die Meisterschaft ______________ . (gewinnen)

5) Er will wissen, wann ich mein neues Fahrrad ____________ _______ . (kaufen)

6) Sie sagt, ihr ________ sie auf eure Party ______________ . (einladen)

7) Die Schüler erzählen, dass sie das Kunsthistorische Museum ____________ und eine Wanderung im Wienerwald ____________ _______. (besichtigen, machen)

* O prezentare detaliată a vorbirii indirecte se găsește în Orlando Balaș, *Limba germană. Simplu și eficient*, Polirom, Iași, pp. 303-311.

71 Reformulaţi în vorbirea indirectă! Toate formele de trecut se înlocuiesc cu conjunctiv perfect, ca în exerciţiul anterior.

1) Er erzählt: „Ich treibe regelmäßig Sport und esse viel Obst und Gemüse."
2) Johanna sagt: „Meine Freunde können den kaputten Computer reparieren."
3) Sie sagt: „Peter ging früher als seine Kollegen nach Hause."
4) Peter meint: „Ich war schon müde und konnte nicht mehr arbeiten."
5) Er sagte zu mir: „Du hast besser als gestern gearbeitet."
6) Die Schüler behaupten: „Wir hatten den Roman schon gelesen."
7) Der Politiker erklärt: „Ich habe alle meine Versprechungen eingehalten."
8) Die Lehrerin gratuliert uns: „Ihr habt die Prüfung mit gutem Erfolg bestanden!"
9) Er sagt über euch: „Sie machten einen guten Eindruck auf mich."
10) Georgia sagte: „Mario war gestern zu mir gekommen."
11) Er will von mir wissen: „Wie lange bist du auf der Party geblieben?"
12) Er erzählt: „Wir sind schon oft nach Österreich gefahren."

72 Redaţi la vorbirea indirectă folosind conjunctivul verbelor *mögen* şi *sollen*:

1) Der Vater sagt zur Tochter: „Räum dein Zimmer auf!"
2) Die Mutter sagte zu den Kindern: „Schreibt eure Hausaufgaben!"
3) Der Gastgeber sagt zu den Gästen: „Nehmen Sie bitte Platz!"
4) Mein Freund ruft mich: „Komm zu mir und gib mir den Hammer!"
5) Georg bittet uns: „Helft mir bei den Arbeit!"
6) Der Professor sagt zur Studentin: „Kommentieren Sie das Hörspiel *Der Fisch*!"

73 Treceţi textul de mai jos la vorbirea indirectă:

Peter erzählt Michael: „Gestern habe ich unseren ehemaligen Mitschüler Hagen getroffen. Er war mit seiner Frau Gudrun in einer Konditorei. Hagen ist seit fünf Jahren verheiratet und hat ein zweijähriges Mädchen. Er arbeitet bei einer deutschen Firma und muss viel geschäflich reisen. Er hat mich eingeladen: „Besuch mich doch, wenn du nach Passau kommst!" Er fragte mich: „Weißt du noch etwas von unseren Lehrern?" Er lässt dich herzlich grüßen und hofft, dass wir uns alle bald wiedersehen werden."

Prepoziția

Prepoziții care cer cazul genitiv

anhand = cu ajutorul, pe baza
abseits = lateral de
angesichts = avînd în vedere
anlässlich / aus Anlass = cu prilejul
anstatt / anstelle / an ... Stelle / statt = în locul
aufgrund = pe baza
ausschließlich / exklusive = exclusiv
außerhalb = în afara (local și temporal)
beiderseits = de ambele părți
betreffs / bezüglich = referitor la
binnen = în răstimp de
diesseits = de partea aceasta
einschließlich / inklusive = inclusiv
gelegentlich = cu ocazia
infolge = ca urmare
inmitten = în mijlocul (local și temporal)
innerhalb = în interiorul (local și temporal)
jenseits = de cealaltă parte
kraft = în virtutea
laut = conform
längs = de-a lungul
mangels = în lipsa
mithilfe / mit Hilfe = cu ajutorul
mittels = prin intermediul
oberhalb = deasupra
seitens / von seiten = din partea
trotz = în ciuda
ungeachtet = indiferent de
unterhalb = dedesubtul
unweit = nu departe de
während = în timpul
wegen = din cauza
zeit = în timpul (doar în expresii: *zeit seines Lebens = în timpul vieții sale*)
zugunsten / zuungunsten = în favoarea / în defavoarea
zwecks = în scopul

1 Completați cu *anhand, aufgrund, infolge, trotz, ungeachtet* și *wegen*:

1) ______________ aller Hindernisse setzt er seine Arbeit fort.

2) ______________ seiner Erkrankung konnte er das Amt nicht mehr übernehmen.

3) Er spielte mit der giftigen Schlange ______________ der großen Gefahr.

4) Sie erklärte mir das Theorem ______________ eines Beispiels.

5) ______________ des heftigen Sturms stürzten mehrere Bäume auf die Straße.

6) Wien ist in aller Welt bekannt ______________ seiner Parks und Gärten.

2 Completați cu *anlässlich, anstelle, betreffs, binnen, laut, mangels, mithilfe, seitens, während, zugunsten* și cu substantivul din paranteză la cazul genitiv:

1) ___________________________ hatte er volle Unterstützung. (seine Familie)

2) Ich muss aus dem Haus ___________________________ ausziehen. (ein Monat)

3) ___________________________ habe ich auch gearbeitet. (mein Studium)

4) Sie erledigte alles ___________________________ . (ihr Bruder)

5) ___________________________ geht Peter auf den Ausflug. (sein Mitschüler)

6) Sie verzichtet auf ihr Amt ___________________________ . (eine Kollegin)

7) ___________________________ lebte er zwei Jahre in Berlin. (seine Aussage)

8) Ich kann dir nichts ___________________________ sagen. (diese Angelegenheit)

9) ___________________________ wurde er freigesprochen. (eindeutige Beweise)

10) ___________________________ gibt sie eine Party. (ihr Geburtstag)

3 Completați cu *abseits, außerhalb, beiderseits, jenseits, längs, inmitten* și *unweit*:

1) ______________ der Straße stehen hohe Bäume.

2) Mein Freund Matthias wohnt ______________ des Hauptbahnhofs.

3) ______________ des Flusses wachsen Pappeln und Weiden.

4) Die alte Mühle steht ______________ des Dorfes.

5) Sein kleines Haus befindet sich ______________ der Hauptstraße.

6) Der Unterricht ______________ der Natur macht viel Spaß.

7) ______________ der Grenze werden wir von unseren Freunden erwartet.

Prepoziţii care cer cazul dativ

ab = începînd cu, de la (poate fi folosită şi cu acuzativul)
aus = din
außer = în afară de
bei = la
dank = datorită (cere şi cazul genitiv, atunci cînd este folosită cu substantiv)
entgegen = contrar
entsprechend = corespunzător
gegenüber = faţă de, vis-à-vis de
gemäß = conform
mit = cu
nach = după, de, spre
seit = de (doar temporal)
von = de la, de, despre
zu = la

4 Completaţi cu *ab, außer, dank, entgegen, entsprechend, gegenüber* şi *gemäß*:

1) ___________ seinen Kenntnissen hat er den Sprachwettbewerb gewonnen.

2) Dort kannte ich niemanden ___________ ihm.

3) Sie handelt immer ___________ dem Gesetz.

4) ___________ nächstem Semester studieren wir eine neue Fremdsprache.

5) Gerhard wohnt ___________ dem neuen Kaufhaus.

6) Ich lese Bücher ___________ meinen jetzigen Interessen.

7) ___________ allen Befürchtungen verlief die Demonstration ganz friedlich.

5 Completaţi cu prepoziţiile *aus, bei, mit, nach, seit, von* şi *zu*:

1) Was hast du ________ diesem Thema zu sagen?

2) Heute Abend treffe ich mich ________ einem alten Freund.

3) ________ der Arbeit gehe ich mit einem Freund ins Restaurant.

4) Wir sind gerade ________ der Planung unseres Urlaubs.

5) Das Spiel hat sie ________ ihrer Freundin bekommen.

6) Die Firma hat sich ________ ihrer Gründung stark entwickelt.

7) Emmentaler Käse stammt ________ der Schweiz.

Prepoziții care cer cazul acuzativ

bis = pînă, pînă la
durch = prin, prin intermediul
entlang = de-a lungul (doar după substantiv; atunci cînd stă înaintea substantivului, cere genitiv sau dativ)
für = pentru, în locul
gegen = contra, spre
ohne = fără
um = în jurul, pentru, la
wider = contrar (doar în expresii: *wider Willen, wider Erwarten*)

6 Completați cu prepozițiile *bis, durch, entlang, gegen, um* și *wider*:

1) Am Nachmittag sind wir den Fluss ________ spazieren gegangen.

2) Wir wanderten __________ bunte Wiesen und grüne Wälder.

3) Unser deutscher Freund bleibt ________ nächste Woche in der Stadt.

4) Alle Kinder sitzen ________ das Lagerfeuer und singen.

5) Peter hat das ________ seinen Willen getan.

6) Ich habe Georgia ________ ihren Bruder Mario kennen gelernt.

7) „________ die Wand" ist ein berühmter Film über das Leben zweier türkischen Einwanderer in Deutschland.

7 Completați cu prepozițiile *bis, durch, für, gegen, ohne, um* și substantivul din paranteză la acuzativ:

1) Bist du ________ oder ________________________ ? (dieser Vorschlag)

2) ________________________ geht sie nie ins Theater. (ihr Freund)

3) Wir setzen uns alle ________________________ . (der Tisch)

4) Die Touristen bummeln ________________________ . (die Stadt)

5) Ich kaufe diese Bücher ________________________ . (meine Tochter)

6) Anna arbeitet hier ________________________ . (nächster Monat)

7) Ein Schiff kann nicht direkt ________________________ segeln. (der Wind)

8) Sie geht ________________________ zur Apotheke. (ihr alter Vater)

Prepoziții bicazuale, care cer atît cazul dativ, cît și acuzativ

an = la, pe (dar nu deasupra), în, de
auf = pe (deasupra), la, în
in = în, la
hinter = în spatele
neben = lîngă
vor = în fața, de, din cauza, în urmă cu
unter = sub, printre
über = deasupra, despre, peste
zwischen = între

Prepozițiile bicazuale cer acuzativul atunci cînd sînt folosite pentru exprimarea unei deplasări sau direcții și dativul cînd sînt folosite pentru exprimarea unei stări sau situări. A se vedea capitolul *Exprimarea deplasării și situării* din această carte. În restul cazurilor sînt folosite în mod aleatoriu cu dativul sau acuzativul, în funcție de semnificația lor în context (de ex. ***vor*** = *din cauza, „de"* cazual, *în urmă cu* cere întotdeauna dativul, iar ***über*** = *despre* se folosește cu acuzativul) ori de valența altor părți de vorbire cu care se folosesc aceste prepoziții.*

8 Completați cu prepozițiile bicazuale corespunzătoare:

1) Er denkt oft ________ seine Kinder.
2) Am Telefon sagt man nicht „________ Wiedersehen!", sondern „________ Wiederhören".
3) Matthias ist ________ seine Frau sehr verliebt.
4) Das Mädchen hat große Anst ________ Spinnen.
5) Axel erzählt ________ seine Reise nach Japan.
6) Georg freut sich ________ die nächsten Ferien.
7) Das Hotel ist direkt ________ dem Bahnhof.
8) Manchmal muss man ________ Wahrheit und Ruhe wählen.
9) ________ Freunden ist man lockerer als ________ Fremden.
10) Die Kinder tanzen und springen ________ Freude.
11) Die Polizei ist ________ dem Dieb her.

---

* A se vedea *Valența unor verbe și adverbe uzuale* în Orlando Balaș, *Limba germană. Simplu și eficient*, Polirom, Iași, pp. 322-339.

9 Completaţi cu prepoziţiile adecvate:

1) Die Menschen passen sich ________ die sozialen Veränderungen an.

2) ________ dem Picknick sammeln wir den Müll und tragen ihn ________ Hause.

3) Wir freuen uns sehr ________ die guten Ergebnisse der Prüfung.

4) Ich hoffe ________ die baldige Lösung dieses Problems.

5) Viele Menschen fürchten sich ________ neuen Krankheiten.

6) Sie sorgt immer ________ eine heitere Stimmung in der Klasse.

7) Ich gratuliere dir ________ deinen ausgezeichneten Leistungen!

8) Er konzentriert sich jetzt nur ________ das Lernen.

9) ________ des Sturms können wir nicht mehr ________ den Ausflug gehen.

10) ________ Urlaub haben wir uns sehr gut gefühlt.

11) Thomas hat mir ________ diesem Projekt geholfen.

12) ________ unserer Reise haben wir die Natur bewundert.

13) Er spricht ________ seiner Frau ________ einen Film.

14) Ich kenne meinen Freund Peter schon ________ klein auf.

15) Was macht ihr dieses Jahr ________ den Ferien?

16) Wir sollen uns alle ________ Umweltschutz einsetzen.

17) Der Sammler will diese Gemälde ________ jeden Preis haben.

18) Sie können sich auch ________ Worte, nur ________ Blicke verständigen.

19) Sind diese Schuhe ________ Leder?

20) Alle Europäer profitieren ________ der Erweiterung der Europäischen Union.

21) Ich glaube fest ________ die Verantwortung jedes Menschen ________ sein eigenes Leben.

22) Er empört sich ________ die Tierquälerei.

23) Er übersetzt ein medizinisches Fachbuch ________ dem Deutschen.

24) Ich wundere mich ________ ihre Begabung.

25) Die Ärztin warnte uns ________ den Gefahren des Rauchens.

26) Er wirft einen Blick ________ die Uhr, dann antwortet er ________ die Frage.

27) Plastik ist sehr schädlich ________ unsere Gesundheit.

Exprimarea deplasării şi situării

Exprimarea deplasării şi situării *acasă*

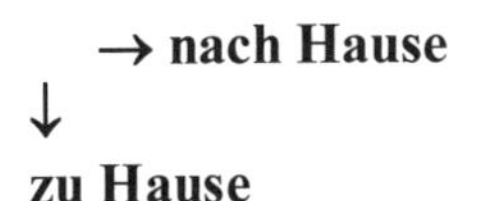

Er geht *nach Hause.* /
Er ist *zu Hause.*

Exprimarea deplasării şi situării *la persoane*

→ zu + dativ
↓
bei + dativ

Er geht *zu ihr.* / Er isst *bei ihr.*
Er geht *zu seinem Freund.* /
Er lernt *bei seinem Freund.*

Exprimarea deplasării şi situării *cu prepoziţiile bicazuale*

→ prepoziţie + acuzativ
↓
prepoziţie + dativ

in (în, la):	Er geht *in den Park.* / Er war *im Park.*
	Er geht *in die Stadt.* / Er war *in der Stadt.*
	Er geht *ins Kino.* / Er war *im Kino.*
	Er fährt *in die Berge.* / Er war *in den Bergen.*
an (la, în, pe / *nu* deasupra)	Er fährt *an den Bodensee.* / Er war *am Bodensee.*
	Er fährt *an die Donau.*/ Er war *an der Donau.*
	Er fährt *ans Meer.* / Er war *am Meer.*
auf (la, în, pe / deasupra)	Er fährt *aufs Land.* / Er war *auf dem Land.*
neben (lîngă)	Er setzt sich *neben sie.* / Er sitzt *neben ihr.*
zwischen (între)	Er setzt sich *zwischen mich und dich.* /
	Er sitzt *zwischen mir und dir.*
vor (în faţa)	Sie stellt sich *vor ihn.* / Sie steht *vor ihm.*
hinter (în spatele)	Er setzt sich *hinter sie.* / Er sitzt *hinter ihr.*
über (deasupra)	Er hängt das Bild *über den Bücherschrank.* /
	Das Bild hängt *über dem Bücherschrank.*
unter (dedesubtul)	Der Ball rollt *unter den Tisch.* /
	Der Ball ist *unter dem Tisch.*

Exprimarea deplasării şi situării *în localităţi, continente, ţări şi regiuni*

Numele continentelor sînt de genul neutru, dar apar **fără articol** cînd nu sînt însoţite de alt determinant: (das alte) Europa, Amerika, Afrika, Asien, Australien.
Numele localităţilor sînt de genul neutru, fără articol: (das alte) Rom, Bukarest, Jassy, Budapest, Wien, Prag, Mailand, Venedig, Turin, Florenz etc.
Numele majorităţii ţărilor sînt de genul neutru, fără articol: Rumänien, Ungarn, Russland, Bulgarien, Griechenland, Serbien, Kroatien, Slowenien, Albanien, Italien, Österreich, Deutschland, Tschechien, Polen, Frankreich, Spanien, Portugal, England, Irland, Schottland, Belgien, Dänemark, Schweden, Finnland, Norwegen, Kanada, Brasilien, Thailand, Tunesien, Ägypten etc.

→ **nach**	Er fährt *nach Polen.* / Er war *in Polen.*
↓	Er fährt *nach Asien.* / Er war *in Asien.*
in	Er fährt *nach Wien.* / Er war *in Wien.*

Ţări şi regiuni cu nume de genul feminin: die Schweiz, die Ukraine, die Slowakei, die Türkei, die Moldau, die Dobrudscha, die Provence, die Arktis etc.

→ **in die**	Er fährt *in die Schweiz.* / Er war *in der Schweiz.*
↓	Er fährt *in die Bretagne.* / Er war *in der Bretagne.*
in der	Er fährt *in die Sahara.* / Er war *in der Sahara.*

Ţări şi regiuni al căror nume este de genul masculin: der Irak, der Iran, der Sudan, der Kongo, der Libanon, der Jemen.

→ **in den**	Er fährt *in den Irak.* / Er war *im Irak.*
↓	Er fährt *in den Sudan.* / Er war *im Sudan.*
im	Er fährt *in den Jemen.* / Er war *im Jemen.*

Ţări şi provincii al căror nume este de genul neutru: das Vereinigte Königreich, das Banat, das Elsass, das Wallis, das Engadin, das Tessin, das Rheinland etc.

→ **ins**	Er fährt *ins Engadin.* / Er war *im Engadin.*
↓	Er fliegt *ins Vereinigte Königreich.* /
im	Er war *im Vereinigten Königreich.*

Ţări cu nume la plural: die Vereinigten Staaten (die USA), die Niederlande.

→ **in die**	Er fliegt *in die USA.* / Er war *in den USA.*
↓	Er fährt *in die Niederlande.* /
in den	Er war *in den Niederlanden.*

1 Formulaţi întrebările corespunzătoare după modelul de mai jos:

Maria fährt nach Wien. ⇒ ***Wohin*** *fährt Maria?*
Georg wohnt in Berlin. ⇒ ***Wo*** *wohnt Georg?*

1) Julian fliegt nach Afrika. ____________________

2) Elena studiert in den USA. ____________________

3) Sein Vater ist zu Hause. ____________________

4) Morgen fährt Mihaela aufs Land. ____________________

5) Sie fahren in die Niederlande. ____________________

6) Sebastian reist nach Italien. ____________________

7) Urs wohnt in der Schweiz. ____________________

8) Margarethe fährt nach Tirol. ____________________

9) Temeswar liegt im Banat. ____________________

10) Im Urlaub fährt er in die Moldau. ____________________

11) Die Kinder spielen im Park. ____________________

12) In 5 Minuten geht sie in die Stadt. ____________________

2 Completaţi cu *nach Hause* sau *zu Hause*:

1) Wann ist Viktor ____________________?

2) In einer Stunde treffen wir uns alle ____________________.

3) Mein Bruder kommt bald ____________________.

4) Wenn ich mit der Arbeit fertig bin, fahre ich ____________________.

5) Meine Frau wartet auf mich ____________________.

6) Nach der Arbeit geht sie ____________________.

7) Heute Abend bleibt Karin ____________________.

8) Er geht von ____________________ weg und lebt auf eigene Faust.

9) Dieses Jahr machen die Müllers Urlaub ____________________.

10) Bleiben wir noch in der Stadt oder gehen wir ____________________?

11) Nur in ihrer Heimatstadt fühlt sie sich ____________________.

12) Aus dem Ausland ist es ziemlich teuer ____________________ zu telefonieren.

3 Completaţi cu prepoziţiile *zu* sau *bei*:

1) Morgen kommt Christian ______ mir.

2) Im Oktober fliegt sie ______ ihrer Tochter nach Heidelberg.

3) Jetzt ist er zu Besuch ______ seinem Sohn in Frankfurt.

4) Nach der Schule geht er ______ seinem Freund Alex.

5) Den Jahreswechsel verbringen wir ______ unseren Freunden in Wien.

6) Lernen wir ______ euch oder ______ uns?

7) Georgia isst ______ ihrer Freundin.

8) Nächste Woche fährt er ______ ihr.

9) Nach der Arbeit geht sie ______ ihrem Freund.

10) Am Abend treffen wir uns alle ______ uns zu Hause.

11) In den Ferien fährt er ______ seinem Onkel aufs Land.

4 Treceţi pronumele din paranteză la cazul dativ:

1) Ich gehe zu __________. (du)

2) Du gehst zu __________. (er)

3) Er geht zu __________. (sie, Sg)

4) Sie kommt zu __________. (wir)

5) Wir gehen zu __________. (ihr)

6) Ihr geht zu _____________. (sie, Pl)

7) Sie kommen zu __________. (ich)

8) Ich esse bei _____________. (sie, Pl)

9) Du isst bei __________. (ich)

10) Er isst bei __________. (du)

11) Sie isst bei __________. (er)

12) Wir essen bei __________. (sie, Sg)

13) Ihr esst bei __________. (wir)

14) Sie essen bei __________. (ihr)

5 Treceţi substantivul din paranteză la cazul dativ, însoţit de prepoziţia *zu*:

Ich gehe ______________________ . (mein Freund) ⇒
Ich gehe ***zu*** *mein**em** Freund.*
Ich gehe ______________________ . (meine Freundin) ⇒
Ich gehe ***zu*** *mein**er** Freundin.*
Ich gehe ______________________ . (meine Freunde) ⇒
Ich gehe ***zu*** *mein**en** Freunde**n**.*

1) Ich gehe ______________________________________ . (mein Bruder)

2) Ich gehe ______________________________________ . (meine Schwester)

3) Ich gehe ______________________________________ . (meine Geschwister)

4) Du fährst ______________________________________ . (dein Vater)

5) Du fährst ______________________________________ . (deine Mutter)

6) Du fährst ______________________________________ . (deine Eltern)

7) Er fährt ______________________________________ . (sein Freund)

8) Er fährt ______________________________________ . (seine Freundin)

9) Er fährt ______________________________________ . (seine Freunde)

10) Sie kommt ______________________________________ . (ihr Kommilitone, n)

11) Sie kommt ______________________________________ . (ihre Kommilitonin)

12) Sie kommt ______________________________________ . (ihre Kommilitoninnen)

13) Wir gehen ______________________________________ . (unser Kollege, n)

14) Wir gehen ______________________________________ . (unsere Kollegin)

15) Wir gehen ______________________________________ . (unsere Kollegen)

16) Ihr fahrt ______________________________________ . (euer Bekannte*r* / *n*)

17) Ihr fahrt ______________________________________ . (eure Bekannte, n)

18) Ihr fahrt ______________________________________ . (eure Bekannten)

19) Sie fliegen ______________________________________ . (ihr Verwandte*r* / *n*)

20) Sie fliegen ______________________________________ . (ihre Verwandte, n)

21) Sie fliegen ______________________________________ . (ihre Verwandten)

22) Er geht ______________________________________ . (ein Freund)

23) Sie geht ______________________________________ . (eine Freundin)

6 Treceţi substantivul din paranteză la cazul dativ, însoţit de prepoziţia *bei*:

Ich esse ____________________. (mein Freund) ⇒
Ich esse ***bei*** *mein**em** Freund.*
Ich esse ____________________. (meine Freundin) ⇒
Ich esse ***bei*** *mein**er** Freundin.*
Ich esse ____________________. (meine Freunde) ⇒
Ich esse ***bei*** *mein**en** Freunde**n**.*

1) Ich war ____________________________________. (mein Kollege, n)

2) Ich war ____________________________________. (meine Kollegin)

3) Ich war ____________________________________. (meine Kollegen)

4) Du isst ____________________________________. (dein Freund)

5) Du isst ____________________________________. (deine Freundin)

6) Du isst ____________________________________. (deine Freunde)

7) Er isst ____________________________________. (sein Onkel)

8) Er isst ____________________________________. (seine Tante)

9) Er isst ____________________________________. (seine Großeltern)

10) Sie lernt ____________________________________. (ihr Mitschüler)

11) Sie lernt ____________________________________. (ihre Mitschülerin)

12) Sie lernt ____________________________________. (ihre Mitschülerinnen)

13) Wir übernachten ________________________________. (unser Verwandte*r* / *n*)

14) Wir übernachten ________________________________. (unsere Verwandte, n)

15) Wir übernachten ________________________________. (unsere Verwandten)

16) Ihr esst ____________________________________. (euer Freund)

17) Ihr esst ____________________________________. (eure Freundin)

18) Ihr esst ____________________________________. (eure Freundinnen)

19) Sie sind zu Besuch ____________________________________. (ihr Sohn)

20) Sie sind zu Besuch ____________________________________. (ihre Tochter)

21) Sie sind zu Besuch ____________________________________. (ihre Kinder)

22) Er lernt ____________________________________. (ein Cousin)

23) Sie lernt ____________________________________. (eine Cousine)

7 Completaţi cu *zu* sau *bei* şi cu pronumele sau substantivul din paranteză la cazul dativ:

1) Jetzt kommt ihr ____________, dann gehen wir ____________. (wir, ihr)
2) Nach der Schule geht sie ________________________. (ihre Mitschülerin)
3) Sie bleibt eine Stunde ________________________. (ihre Mitschülerin)
4) Sie wohnt noch ________________________. (ihre Eltern)
5) In den Ferien fliegt sie ________________________. (ihre Freundin)
6) Sie verbringt die Ferien ____________________. (ihre Freundin)
7) Wann fahrt ihr ________________________? (euer Vetter)
8) Wir waren gestern ________________________. (unsere Freunde)
9) Vorigen Monat war ich _______________ zu Besuch. (sie, Pl)
10) Morgen kommt sie ______________. (ich)
11) Nächste Woche fährt er ________________________. (sein Onkel)
12) ______________ können wir besser lernen als ______________. (ich, du)
13) Im Juli war ich ______________________ auf dem Land. (meine Tante)
14) Wenn wir mit der Arbeit fertig sind, gehen wir ______________. (er)
15) Bis wann bleibt ihr ______________? (sie, Sg)
16) Er reist __________________________ nach Mailand. (seine Kinder)

8 Completaţi cu *zum*, *zur*, *zu den*, *beim*, *bei der* sau *bei den*:

1) Marion geht ____________ Fleischer und kauft frische Würste.
2) Sie kauft gern ____________ Fleischer ein.
3) Die Kundin sucht Rat ____________ Verkäuferin.
4) Sie geht ____________ Verkäuferin und bittet sie um Rat.
5) Wir machen eine Reise ____________ Freunden in Deutschland.
6) Wir verbringen die Ferien ____________ Freunden in Deutschland.
7) Andi muss ____________ Frisör gehen.
8) Andi war ____________ Frisör.

9 Completaţi cu prepoziţiile *nach* sau *in*:

1) In den Ferien fährt Andreas ________ Deutschland.

2) Der Schiefe Turm steht ________ Pisa, ________ Italien.

3) Der Verlag Polirom hat seinen Sitz ________ Jassy, ________ Rumänien.

4) Unsere Freunde aus Deutschland kommen nächstes Jahr ________ Rumänien.

5) Im Juli fahren sie ________ Mailand, im August ________ Turin.

6) ________ Venedig ist er mit der Gondel gefahren.

7) Mein Freund hat ________ Klausenburg, ________ Siebenbürgen studiert.

8) Die Fahrt von Kronstadt ________ Bukarest dauert ungefähr drei Stunden.

9) Dieses Jahr macht er Urlaub ________ Schweden.

10) Die Wikinger lebten ________ Nordeuropa, ________ Skandinavien.

11) Vor zwei Jahren war er zum ersten Mal ________ Amerika.

12) Diesen Sommer will sie ________ Kanada fliegen.

13) Seit Jahren träumt sie von einer Reise ________ Griechenland.

14) Die malerische Stadt Bozen liegt ________ Südtirol.

15) ________ München kann man über Wien oder Prag fahren.

16) Im Sommer machen wir einen Ausflug ________ Paris.

17) Die Wiege der Menschheit liegt ________ Afrika.

18) Unsere Verwandten machen eine Reise _______ Indien.

19) Frederic Chopin ist 1810 ________ Polen zur Welt gekommen.

20) ________ Salzburg geboren, zieht W.A. Mozart später ________ Wien.

21) ________ Wien schließt er Freundschaft mit Joseph Haydn.

22) Wenn er Urlaub hat, fährt er zum Fischen ________ Irland.

23) Die Handlung von Shakespeares „Hamlet“ spielt ________ Dänemark.

24) Seit zwei Jahren lebt sie mit ihrem Mann ________ Frankreich.

25) Er möchte die Ferien ________ Spanien oder ________ Italien verbringen.

26) Nach Abschluss seines Studiums kehrte Goethe ________ Frankfurt zurück.

27) ________ Brasilien spricht man Portugiesisch.

28) Mario will ________ Dänemark und ________ Schweden reisen.

10 Completaţi cu prepoziţia *in* şi cu articolul hotărît corespunzător. Acolo unde este posibil, folosiţi contragerile *ins* şi *im*:

1) Gestern waren wir ___________ Theater (n).

2) Heute Abend gehen wir ___________ Kino (n).

3) Essen wir ___________ Restaurant (n) oder ___________ Kneipe (f)?

4) Willst du ___________ Berge (Pl) fahren?

5) Ja, ___________ Bergen gefällt es mir sehr gut.

6) Gestern habe ich Paul ___________ Park (m) getroffen.

7) Ich glaube, sie sind ___________ Park gegangen.

8) Wie lange seid ihr ___________ Gebirge (n) geblieben?

9) Wann gehst du ___________ Stadt (f)?

10) Was gibt es heute ___________ Fernsehen (n)?

11) Warst du gestern ___________ Konzert (n) oder ___________ Disko (f)?

12) Gestern hatte ich keine Lust ___________ Konzert zu gehen.

13) Deshalb bin ich lieber ___________ Disko gegangen.

14) Nach dem Essen gehen wir ___________ Hotel (n) zurück.

15) Unsere Sachen sind noch ___________ Hotel. Wir müssen sie abholen.

16) Nach dem Unterricht gehe ich ___________ Lesesaal (m).

17) ___________ Lesesaal kann ich besser lernen als zu Hause.

18) Am Wochenende fahren sie ___________ Gebirge.

19) Ich kann nicht so gut ___________ Bibliothek (f) lernen.

20) Ich gehe lieber ___________ Theater als ___________ Oper (f).

21) ___________ Oper gefällt es mir nicht so gut wie ___________ Kino.

22) Am Nachmittag gehe ich ___________ Café (n).

23) ___________ Café trinke ich Kaffee und lese Zeitungen.

24) Eva isst entweder ___________ Küche (f) oder ___________ Esszimmer (n).

25) Maria und Elfriede gehen ___________ Konditorei (f).

26) Martin fährt oft ___________ Ausland (n). Er hat _______ Ausland studiert.

27) Karl geht ___________ Badezimmer (n) und duscht.

11 Completaţi cu *in die* sau *in der*:

1) Nächsten Sommer möchten wir __________ Türkei fahren.

2) Warst du schon einmal __________ Moldau?

3) Eine Freundin von mir wohnt jetzt __________ Schweiz.

4) Im 19. Jahrhundert wanderten viele Deutsche __________ Dobrudscha ein.

5) Vor zwei Jahren waren wir in Bratislava, __________ Slowakei.

6) In den Ferien war sie ___________ Provence und ___________ Normandie.

7) Wir planen __________ Schweiz zu reisen.

8) Sie machen Urlaub am Gardasee __________ Lombardei.

9) Bleibt ihr __________ Ukraine oder fahrt ihr weiter __________ Slowakei?

10) Nächstes Jahr fahren wir __________ Bundesrepublik Deutschland.

11) Morgen macht er einen Ausflung __________ Region Hannover.

12 Completaţi cu *in die* sau *in den*:

1) Karin ist ___________ Vereinigten Staaten ausgewandert.

2) Maria lebt mit ihrem Mann ___________ Niederlanden.

3) Viele junge Leute möchten ___________ USA studieren.

4) Nachdem er ___________ Alpen gewesen ist, fährt er ___________ Karpaten.

5) Ende August fliegt sie ___________ Vereinigten Staaten.

6) Wann fahrt ihr __________ Niederlande?

13 Completaţi cu *in den*, *ins* sau *im*:

1) Viele rumänische Ingenieure haben vor 1989 ___________ Irak gearbeitet.

2) Nächsten Monat unternimmt er eine Geschäftsreise ___________ Jemen.

3) ___________ Libanon leben sowohl Muslime als auch Christen.

4) In Siebenbürgen und __________ Banat spricht man auch deutsche Dialekte.

5) Im Juni machen wir eine Klassenreise __________ Elsass nach Strassburg.

6) Im 18. Jahrhundert sind viele Österreicher __________ Banat ausgewandert.

14 Completaţi cu prepoziţiile *an* sau *auf* şi cu articolul hotărît corespunzător. Acolo unde este posibil, folosiţi contragerile *ans*, *am* şi *aufs*:

1) Die Sonne ist hoch __________ Himmel (m).

2) Oma geht __________ Markt (m). Sie kauft gern __________ Markt ein.

3) In den Sommerferien fahren wir __________ Meer (n).

4) Die Stadt Konstanz liegt __________ Bodensee (m).

5) Er fährt __________ Land (n). Seine Großeltern wohnen __________ Land.

6) Die Gäste setzen sich __________Tisch (m). Sie sitzen __________ Tisch.

7) Sie geht __________ Party (f). __________ Party lernt sie viele Leute kennen.

8) Er möchte __________ Bermudas (Pl) oder __________ Kanaren (Pl) leben.

9) Aniela und ihr Mann machen Urlaub __________ Bauernhof (m).

10) Wir sind gerade __________ Bahnhof (m) angekommen.

11) Im Urlaub fahren wir __________ Nordsee (f) oder __________ Ostsee (f).

12) Wien, Bratislava, Budapest und Belgrad liegen __________ Donau (f).

15 Completaţi cu prepoziţiile *hinter*, *neben*, *unter*, *über*, *vor* sau *zwischen*. Treceţi substantivul la cazul corespunzător însoţit de articol hotărît:

1) Die Kugel rollt ____________________ Kühlschrank (m).

2) Die Kugel steckt ____________________ Kühlschrank.

3) Er stellt den Papierkorb ____________________ Schreibtisch (m).

4) Der Papierkorb steht ____________________ Schreibtisch.

5) Er stellt das Fahrrad ________________ Haus (n) an die Straße.

6) Sein Fahrrad steht ________________ Haus an der Straße.

7) Wir stellen den Tisch ___________________ Schrank (m) und _____ Bett (n).

8) Der Tisch steht ____________________ Schrank und _____ Bett.

9) Die Sekretärin setze sich rechts ____________________ Direktor (m).

10) Sie saß den ganzen Abend ____________________ Direktor.

11) Komm ____________________ Regenschirm (m)! Sonst wirst du ganz nass!

12) Wir stehen ____________________ Regenschirm und warten auf die Sonne.

16 Traduceţi în limba germană:

1) După serviciu merg la prietenul meu Victor.

____

2) În vacanţa de vară ea a fost la sora ei în Milano.

____

3) Mergeţi anul acesta la mare sau la munte?

____

4) Mulţi turişti germani vin în Transilvania, în Banat şi în Moldova.

____

5) Albert lucrează în Zürich, în Elveţia.

____

6) Christine merge des în străinătate. Ea are mulţi prieteni în străinătate.

____

7) Cînd vine acasă fratele tău? Sau este deja acasă?

____

8) În concediu mergem în Elveţia şi în Austria.

____

9) Ea visează la o excursie la Paris.

____

10) În vacanţa de iarnă mergem în Alpi.

____

11) Susan face o călătorie în Africa.

____

12) Karl studiază în Statele Unite.

____

13) Prietenii noştri locuiesc în Amsterdam, în Olanda.

____

14) El merge la Praga, la părinţii lui.

____

Exprimarea datei şi timpului

1 Transcrieţi anii de mai jos după model:

1116	*elfhundertsechzehn*
2003	*zweitausenddrei*
831	*achthunderteinunddreißig*

1) 1999 ______________________

2) 251 ______________________

3) 1848 ______________________

4) 2001 ______________________

5) 1965 ______________________

6) 1776 ______________________

7) 1056 ______________________

2 Transcrieţi datele de mai jos după model:

12. April	*Heute ist der zwölfte April.*

1) 3. Oktober ______________________

2) 1. Juli ______________________

3) 2. Dezember ______________________

4) 13. März ______________________

5) 20. August ______________________

6) 7. April ______________________

7) 17. September ______________________

8) 30. November ______________________

9) 19. Mai ______________________

10) 31. Januar ______________________

11) 16. Juni ______________________

12) 28. Februar ______________________

3 Completaţi cu *der*, *den* sau *am*. Transcrieţi apoi datele cu litere:

Wien, *den* 1. September 2019 Heute ist *der* 2. April 2020. Er ist *am* 24. Oktober 1984 geboren.

1) Heute ist _____ 29. Oktober.

____

2) Prag, _____ 15. Juli 2018

____

3) Die Sitzung hat _____ 5.4.2012 stattgefunden.

____

4) Heute haben wir _____ 6. August.

____

5) Berlin, _____ 19. Januar 2020

____

6) Gestern war _____ 9. Februar.

____

7) Das Kind ist _____ 2. Juni zur Welt gekommen.

____

8) Bukarest, _____ 22. Dezember 1989

____

9) Das Semester fängt _____ 1. September an.

____

10) Wo warst du _____ 11. März 2019?

____

11) Morgen ist _____ 12. Mai.

____

12) Freiburg, _____ 5. Mai 1999

____

13) Ich bin ____________________________ in ____________ geboren.

____

4 Transcrieţi următoarele ore cu litere:

1) 10.15 Uhr ______________________________
2) 10.30 Uhr ______________________________
3) 10.05 Uhr ______________________________
4) 11.45 Uhr ______________________________
5) 11.55 Uhr ______________________________
6) 12.00 Uhr ______________________________
7) 23.00 Uhr ______________________________
8) 22.40 Uhr ______________________________
9) 13.00 Uhr ______________________________
10) 01.14 Uhr ______________________________

5 Transcrieţi următoarele ore cu cifre:

1) dreizehn Uhr elf ______________________________
2) halb neun ______________________________
3) zehn nach sieben ______________________________
4) drei Viertel acht ______________________________
5) fünf vor halb zehn ______________________________

6 Completaţi cu *um*, *gegen* sau *in*:

1) Wir treffen uns ____________ Punkt 10 Uhr.
2) Mario kommt ____________ 13 Uhr. (kurz vor 13 Uhr)
3) Wir sehen uns ____________ zwei Stunden wieder.
4) Der Zug kam pünktlich __________ 10.47 Uhr.
5) Er hat mich ____________ 11 Uhr angerufen. (kurz vor 11 Uhr)
6) Die Reisenden waren erst ____________ Mitternacht da. (kurz vor 24 Uhr)
7) Der Bus fährt genau ____________ 9 Uhr ab.
8) Er ist ____________ fünf Minuten wieder da.

Complementul de timp în acuzativ

Complementul de timp exprimat ***fără prepoziţie*** sau cu prepoziţiile ***auf***, ***bis***, ***durch***, ***für***, ***gegen***, ***über*** şi ***um*** este în cazul acuzativ.

7 Completaţi cu terminaţiile corespunzătoare cazului acuzativ:

1) Er kommt dies___ Woche oder spätestens nächst___ Woche.

2) Letzt___ Woche war er in Paris.

3) Die Sitzung findet dies___ oder nächst___ Monat statt.

4) Letzt___ Monat konnten wir uns nicht treffen.

5) „Fährt er dies___ Jahr nach Italien?" „Nein, nächst___ Jahr."

6) Vergangen___ Jahr war er in Griechenland.

7) Dies___ Mal darfst du mitkommen, aber nächst___ Mal bleibst du zu Hause.

8) Vorig___ Mal haben wir einen sehr guten Film gesehen.

9) Letz___ Nacht gab es einen Meteoritenregen.

8 Transformaţi propoziţiile de mai jos după model:

Die Sitzung dauert *eine Stunde*. ⇒ Die Sitzung dauert *zwei Stunden*.

1) Die Werbeunterbrechung dauert eine Minute.

____

2) Der Ausflug dauert einen Tag.

____

3) Wir bleiben eine Woche in den Bergen.

____

4) Sie bleibt einen Monat in Italien.

____

5) Er hat ein Jahr an der Uni Wien studiert.

____

6) An dieser Uni hat er ein Semester studiert.

____

9 Completaţi cu terminaţiile corespunzătoare cazului acuzativ:

1) Ich lasse dir die Bücher bis nächst___ Woche.

2) Wir haben die Sitzung auf nächst___ Monat verschoben.

3) Er kommt für zwei Tag___ nach Berlin.

4) Die Aktion läuft bis zweit___ August.

5) Sie verschieben den Ausflug auf nächst___ Jahr.

6) Er bleibt bis nächst___ Freitag in Bukarest.

7) „Kommt er für ein___ Jahr?" „Nein, er kommt nur für ein___ Monat."

8) Sämtliche Campingplätze auf Island sind bis erst___ Juni geschlossen.

9) Das Treffen wurde auf dreizehnt___ September verschoben.

10) Wir fahren für zwei Monat___ nach Deutschland.

11) Hier kann man bis letzt___ Sonntag im September angeln.

12) Er ist nur für ein___ Woche in der Stadt.

10 Completaţi cu *auf*, *bis*, *durch*, *für* sau *über*:

1) ________ nächstes Mal!

2) Sie bleibt hier ________ immer.

3) Sie hat die ganze Nacht ________ gelernt.

4) ________ vorige Woche wohnte er in Heidelberg.

5) Er arbeitet von 8 ________ 17 Uhr.

6) Diese Bestimmungen gelten ________ Zeit, nicht ________ Dauer.

7) Die Temperaturen bleiben hier das ganze Jahr ________ relativ stabil.

8) Er ändert seine Meinung von einem Tag ________ den anderen.

9) Dieses Angebot ist nur ________ nächstes Wochenende gültig.

10) Er bleibt ________s Wochenende bei uns.

11) ________ nächsten Monat muss ich mit der Arbeit fertig sein.

12) Das kann man doch nicht von heute ________ morgen machen!

13) Diese Preise gelten vom ersten April ________ ersten November.

Complementul de timp în dativ

Complementul de timp exprimat cu prepoziţiile ***ab***, ***an***, ***bei***, ***in***, ***mit***, ***nach***, ***seit***, ***vor***, ***zu***, ***zwischen*** şi ***von*** ... (***an*** / ***bis***) este în cazul dativ.

11 Completaţi cu terminaţiile corespunzătoare cazului dativ:

1) Ab zwölft___ September gehen die Kinder wieder in die Schule.
2) Mit 18 Jahr___ darf man in Rumänien Auto fahren.
3) Ab nächst___ Samstag haben die Geschäfte bis 20.00 Uhr offen.
4) Zwischen d___ ersten und sechsten Oktober findet hier ein Filmfestival statt.
5) Ab kommend__ Woche haben wir einen neuen Direktor.
6) Mit d___ Zeit wurde sie ruhiger.

12 Completaţi cu *von ... an* sau cu *von ... bis*:

1) *Vom* zehnten ______ dreißigsten August haben wir Urlaub.
2) Der Möbelladen ist _______ 17 Uhr ______ (= ab 17 Uhr) geschlossen.
3) Er war _______ Anfang ______ davon überzeugt.
4) Wir arbeiten _______ Montag ______ Freitag.
5) _______ jetzt ______ wird es anders sein.
6) _______ 13 Uhr ______ 14 Uhr haben wir Mittagspause.

13 Completaţi cu *an* şi cu substantivul din paranteză la dativ:

1) __________________________ war Kerstin besonders charmant. (jener Abend)
2) __________________________________ wollte ein mächtiger König eine junge Prinzessin heiraten. (ein schöner Tag)
3) Wir sind __________________________________ abgefahren. (ein kalter Morgen)
4) Der Verein trifft sich ____________________________ . (jedes Wochenende)
5) ______________ des Praktikums arbeitete Paul besser als ______________ . (Ende, Anfang)

14 Completaţi cu *in* şi cu formele de dativ ale substantivului din paranteză:

1) Die Schule fängt ____________________ an. (der Herbst)

2) ____________________ fahren wir ans Meer. (der August)

3) Sie ist ____________________ 1984 geboren. (das Jahr)

4) Sie hat 5 Kilo ____________________ abgenommen. (sieben Tage)

5) ____________________ kommt der Lehrer in die Klasse. (fünf Minuten)

6) ____________________ sind wir mit der Arbeit fertig. (eine Stunde)

7) Mit dem Studium bin ich ______________________ fertig. (sechs Monate)

8) Die Nachprüfungen finden ______________________ des Monats September statt. (die erste Hälfte)

9) ____________________ haben sich 100 Interessenten gemeldet. (ein Monat)

10) Sie hat ihr Studium ____________________ abgeschlossen. (drei Jahre)

11) Die Umwelt ist ____ verschmutzter denn je. (das einundzwanzigste Jahrhundert)

15 Completaţi cu *nach* şi cu substantivul din paranteză la dativ:

1) __________________________ gehen wir in die Mensa. (der Unterricht)

2) Was macht ihr __________________________? (die Arbeit)

3) Dieser Dichter wurde erst ________________________ anerkannt. (sein Tod)

4) _________________________ ist sie wieder arbeiten gegangen. (eine Woche)

5) Mein Wörterbuch habe ich von Gerhard erst __________________________ zurück bekommen. (ein Monat)

6) _____________________________________ sind die Tage länger als die Nächte. (der einundzwanzigste März)

7) Sie haben sich __________________________ wiedergesehen. (sieben Jahre)

8) ____________________________ Aufenthalt in einem EU-Land muss jeder Ausländer eine Aufenthaltserlaubnis besitzen. (drei Monate)

9) __________________________ hat er seine Stelle gekündigt. (ein Jahr)

16 Completaţi cu *seit* şi cu substantivul din paranteză la dativ:

1) ______________________ regnet es ununterbrochen. (eine Woche)
2) Er arbeitet ______________________ an seinem Projekt. (ein Jahr)
3) __________________ des Jahres hat er Fortschritte gemacht. (der Anfang)
4) ______________________ heißt sie Anette Müller. (ihre Hochzeit)
5) ____________________________________ 2007 sind Rumänien und Bulgarien Mitglieder der Europäischen Union. (der erste Januar)
6) Er unterrichtet ______________________ an unserer Schule. (drei Jahre)
7) Sie ist ______________________ mit Peter verlobt. (voriger Sommer)
8) ______________________ raucht er nicht mehr. (zwei Monate)

17 Completaţi cu *vor* şi cu substantivul din paranteză la dativ:

1) Mein Bus ist ______________________ abgefahren. (zwei Minuten)
2) ______________________ war noch keine Spur von Regen. (eine Stunde)
3) Sein Sohn ist ____________________ zur Welt gekommen. (zwei Monate)
4) __________________ wäscht sich die kleine Maria die Hände. (das Essen)
5) Sie hat ihren Mann ____________________ kennen gelernt. (drei Jahre)
6) Ich fühle mich jetzt besser als ______________________ . (ein Monat)
7) ______________________ muss ich mich impfen lassen. (die Abreise)
8) Der Vertrag wurde ____________________ abgeschlossen. (ein halbes Jahr)

18 Completaţi cu *seit* sau *vor*:

1) „Wie spät ist es?“ „Es ist 20 _______ elf.“
2) _______ erstem September wohnt er in Berlin.
3) _______ seiner Pensionierung _______ einem Jahr hat Herr Maulwurf endlich Zeit für seine Hobbys.
4) Einen Tag _______ der Prüfung lernt sie nicht mehr, sondern ruht sich aus.
5) Ich kenne ihn _______ eh und je.

19 **Completaţi cu *bei* sau *zu*:**

1) _______m Lernen sollte man keine Musik hören.
2) _______ dieser Zeit war die Stadt noch klein.
3) _______ Weihnachten und _______ Ostern haben die Schüler Ferien.
4) _______ starkem Regen machen wir keine Wanderung.
5) Sie sind gerade _______ der Renovierung ihres Ferienhauses.
6) _______ deinem Geburtstag wünsche ich dir alles Gute!
7) Was habt ihr _______ Silvester gemacht?
8) Sie sind _______ Nacht und Nebel aus dem Kriegsgebiet geflohen.

20 **Completaţi cu *an*, *am*, *bei*, *gegen*, *in*, *im*, *nach*, *seit*, *um*, *vor* sau *zu*:**

1) _______ Frühling blüht die ganze Insel in prächtigen Farben.
2) _______ Anfang der Woche hat es sehr viel geregnet.
3) _______ seinem Geburtstag _______ 2. August lädt er seine Kollegen und Freunde auf eine kleine Feier ein.
4) _______ jenem sonnigen Vormittag _______ April hat sie ihren jetzigen Mann kennen gelernt und sich in ihn verliebt.
5) _______ Abend gehen wir ins Kino oder ins Theater.
6) Der Bus ist pünktlich _______ 10.15 Uhr angekommen.
7) _______ schönem Wetter gehen wir gern spazieren.
8) Der dortige Tunnelbau ist _______ langem abgeschlossen.
9) Er hat mir das Fahrrad erst _______ einer Woche zurück gebracht.
10) Soll ich die Medikamente _______ oder _______ dem Essen einnehmen?
11) Die letzte Gruppe kommt _____________ 19.00 Uhr an. (ungefähr)
12) Sie ist _______ kurzem weggegangen.
13) _______ der Nacht ist es immer kühler.
14) _______ Wochenende fahren wir in die Berge.
15) _______ zwei Jahren ist Maria mit dem Studium fertig.

21 Traduceţi în limba germană:

1) „Cît e ceasul?“ „E două şi un sfert.“

2) „Cînd soseşte Paul?“ „El soseşte pe la miezul nopţii.“

3) „Cînd s-a născut Andrea?“ „Ea s-a născut în anul 1990.“

4) „Cînd începe şcoala?“ „La 1 septembrie.“

5) Astăzi e 28 februarie.

6) Amînăm şedinţa pe 6 aprilie.

7) El rămîne pînă în 11 martie în oraş.

8) Ea vine doar pentru trei zile.

9) Într-o săptămînă plecăm în concediu.

10) Ne revedem într-o jumătate de an.

11) Într-un minut sînt din nou aici.

12) L-am cunoscut acum un an.

13) După ploaie iese (străluceşte) soarele.

14) În fiecare an de Crăciun se adună toată familia la un loc.

Fraza

1 Reformulați propozițiile de mai jos după model:

Wir fahren *morgen* in Urlaub. ⇒ *Morgen* fahren wir in Urlaub.

1) Er kommt *nächste Woche* zurück.

___

2) Mir schmecken *Äpfel und Birnen* gleich gut.

___

3) Die Sonne scheint stärker *in den warmen Ländern.*

___

4) Wir sind *wegen des schlechten Wetters* nicht wandern gegangen.

___

5) Er wird *an der Universität* Fremdsprachen studieren.

___

2 Răspundeți la întrebări folosind cuvintele din paranteză:

Wer hat dich angerufen? (mein Onkel Joachim) ⇒
Mein Onkel Joachim hat mich angerufen.

1) Wo findet das Konzert statt? (im Stadion)

___

2) Wann hat das dritte Jahrtausend begonnen? (am 1. Januar 2001)

___

3) Wohin ist er gereist? (in die Schweiz)

___

4) Womit hast du gezahlt? (mit der Kreditkarte)

___

5) Wen hat sie geheiratet? (einen ehemaligen Schulfreund)

___

3 Uniţi propoziţiile cu conjuncţia din paranteză:

Karin kommt zu Besuch. Sie bringt uns Blumen. (und) ⇒ Karin kommt zu Besuch und bringt uns Blumen.

1) Georg setzt sich an den Tisch. Er schreibt einen Brief. (und)

____

2) Bleibst du zu Hause? Kommst du mit? (oder)

____

3) Der Zug kommt an. Die Reisenden steigen aus. (und)

____

4) Er geht nicht ins Kino. Er geht ins Theater. (sondern)

____

5) Am Wochenende mache ich Ausflüge. Ich gehe ins Kino. (oder)

____

6) Ich kann nicht länger bleiben. Ich habe noch viel Arbeit. (denn)

____

7) Er übt täglich. Er macht keine Fortschritte. (aber)

____

4 Completaţi cu subiectul din paranteză în locul adecvat:

1) Die Besucher stellen ihm Fragen und ______ antwortet ______ ihnen. (er)
2) Sie macht eine Pause, dann ______ setzt ______ ihre Arbeit fort. (sie)
3) Wir müssen uns beeilen, sonst ______ verpassen ______ den Zug. (wir)
4) Fährst du mit dem Bus oder ______ gehst ______ zu Fuß? (du)
5) Ich habe noch viel zu tun, deshalb ______ muss ______ jetzt weg. (ich)
6) Er ist in Maria verliebt, aber ______ liebt ______ ihn nicht. (sie)
7) Er fährt oft nach Wien, trotzdem ______ kann ______ kein Wort Deutsch. (er)
8) Er geht früh zu Bett, denn ______ ist ______ sehr müde. (er)
9) Morgen früh fahren wir mit dem Bus nach Frankfurt, von dort ______ fliegen ______ nach Hause. (wir)

5 Transformați subordonatele neintroduse în subordonate introduse de *dass*:

Er sagt, er kommt erst morgen. ⇒ Er sagt, *dass* er erst morgen kommt.

1) Ich glaube, er hat Recht.

____

2) Sie sagt, sie will mitkommen.

____

3) Er behauptet, er hat den Dieb gesehen.

____

4) Ich vermute, er ist noch sehr jung.

____

5) Wir glauben, Martin ist der Richtige für diese Stelle.

____

6) Es kann sein, er hat einfach keine Lust zu antworten.

____

6 Treceți propoziția subordonată înaintea propoziției principale:

Er freut sich, *dass du mitkommst.* ⇒ *Dass du mitkommst*, freut er sich.

1) Ich glaube nicht, dass er ein böser Mensch ist.

____

2) Es ist unsicher, ob dieser Zug überhaupt noch fährt.

____

3) Ich weiß nicht mehr, was sie gesagt hat.

____

4) Ich möchte gern wissen, wer dir das gesagt hat.

____

5) Du kannst mich auch über E-Mail kontaktieren, wenn du willst.

____

6) Er war nicht zu Hause, als ich ihn gesucht habe.

____

7 Completaţi cu *denn* sau *weil*:

Ich gehe nicht auf den Ausflug, *denn* ich bin erkältet. Ich gehe nicht auf den Ausflug, *weil* ich erkältet bin.

1) Er kann nicht mehr arbeiten, ________ er zu müde ist.

2) Martin geht zum Arzt, ________ er fühlt sich nicht wohl.

3) Er ist sehr nervös, ________ er einen guten Eindruck machen will.

4) Sie lernt Deutsch, ________ sie in Deutschland studieren möchte.

5) Am Wochenende fahren wir ins Grüne, ________ wir wollen uns ein bisschen von der Stadt erholen.

6) Georg beeilt sich, ________ seine Frau auf ihn wartet.

7) Wir kehrten in unser Hotel zurück, ________ es hat wieder zu regnen begonnen.

8) Ich muss nach Hause gehen, ________ es schon spät ist.

9) Mario bleibt zu Hause, ________ er will für eine Prüfung lernen.

10) Richard kann nicht so schnell laufen, ________ sein Fuß tut ihm weh.

8 Reformulaţi după următorul model:

Er kann nicht zur Sitzung kommen, *weil er krank ist.* ⇒ *Da (weil) er krank ist,* kann er nicht zur Sitzung kommen.

1) Uwe muss früher weggehen, weil er den Zug um 16.15 Uhr erreichen will.

____

2) Er kann die Show nicht besuchen, weil er seine Eintrittskarte verloren hat.

____

3) Wir mussten zu Fuß nach Hause gehen, weil wir den Bus verpasst haben.

____

4) Er kauft sich zwei Brezeln, weil er ein bisschen hungrig ist.

____

5) Sie geht für ein Semester nach Madrid, weil sie Spanisch lernen will.

____

6) Rita macht einen Termin beim Augenarzt, weil sie eine Brille braucht.

____

9 Completaţi cu *weil* sau *damit*:

1) Wir mussten in Wien übernachten, ________ wir den Anschlusszug nach München verpasst haben.
2) Anna lernt Deutsch, ________ sie in Österreich arbeiten kann.
3) Sie lernt Deutsch, ________ sie nach Deutschland fahren will.
4) Er kauft ihr oft Blumen, ________ er in sie verliebt ist.
5) Müllers lassen sich ein größeres Haus bauen, ________ jedes Kind sein eigenes Zimmer haben will.
6) Müllers lassen sich ein größeres Haus bauen, ________ jedes Kind sein eigenes Zimmer hat.
7) Ich kaufe diese Medikamente, ________ mein Großvater gesund wird.
8) Ich kaufe diese Medikamente, ________ mein Großvater krank ist.

10 Completaţi cu *damit* sau *um (... zu)*:

Ich gebe ihm ein Wörterbuch, *damit* er das Angebot übersetzt.
Er braucht ein Wörterbuch, *um* das Angebot *zu* übersetzen.

1) Er fährt nach Frankfurt, ________ die Buchmesse zu besuchen.
2) Sie kommt zu uns, ________ wir zusammen lernen.
3) Ich gebe ihm das Wörterbuch, ________ er den Prospekt übersetzt.
4) Er ruft mich an, ________ mich auf eine Feier einzuladen.
5) Ich helfe meiner Schwester bei der Arbeit, ________ sie ins Kino gehen kann.
6) Sie beeilt sich sehr, ________ die Arbeit rechtzeitig zu beenden.
7) Wir gehen in die Bibliothek, ________ Bücher auszuleihen.
8) Ich erkläre meinem Bruder die jetzige Situation, ________ er die richtige Entscheidung treffen kann.
9) Der Bäcker steht morgens früh um 4 Uhr auf, ________ die Kunden um 7 Uhr frisches Brot und Gebäck kaufen können.
10) Die Studenten lernen, ________ die Prüfung mit Erfolg zu bestehen.
11) Man muss viel lernen, ________ eine Sprache zu beherrschen.

11 Transformaţi propoziţia a doua într-o propoziţie subordonată introdusă de *ohne dass*. Atenţie, negaţia nu trebuie exprimată de două ori:

Der Dieb hat mir die Tasche geklaut. Ich habe *nichts* gemerkt. ⇒ Der Dieb hat mir die Tasche geklaut, *ohne dass* ich *etwas* gemerkt habe.

1) Das Kind spielt auf dem Balkon. Die Eltern wissen davon nicht.

____

2) Er hilft mir. Ich habe ihn nicht darum gebeten.

____

3) Emma geht weg. Sie verabschiedet sich nicht von uns.

____

12 Transformaţi propoziţia a doua într-o construcţie infinitivală introdusă de *ohne ... zu*:

Er geht weg. Er sagt kein Wort. ⇒ Er geht weg, *ohne* ein Wort *zu* sagen.

1) Er schreibt seit Jahren an diesem Roman. Er beendet ihn nicht.

____

2) Karla tanzte die ganze Nacht. Sie wurde nicht müde.

____

3) Der Schüler löste die Aufgabe. Er machte keinen einzigen Fehler.

____

13 Completaţi cu *ohne dass* sau *ohne ... zu*:

1) Georg ging weg, ______________ es jemand ___ merkte.

2) Er hat den Raum verlassen, ______________ die Frage ___ beantworten.

3) ______________ lernen, kommt man nicht weit.

4) ______________ Zeit ___ verlieren, fängt er an, sein Zimmer aufzuräumen.

5) Behinderte Kinder können diesen Kindergarten besuchen, ______________ die Eltern dafür zahlen ___ müssen.

6) ______________ wollen, habe ich vergessen, ihm das Wichtigste zu sagen.

14 Transformaţi propoziţia a doua într-o propoziţie subordonată introdusă de *statt dass*. Atenţie, negaţia nu trebuie exprimată de două ori:

> Heute kommst du zu uns. Wir gehen *nicht* zu dir. ⇒
> Heute kommst du zu uns, *statt dass* wir zu dir gehen.

1) Er geht für mich auf den Markt. Ich gehe nicht selbst einkaufen.

____

2) Seine Gedanken sind woanders. Er hört dem Lehrer nicht zu.

____

3) Wir könnten zusammen lernen. Jeder lernt allein.

____

15 Transformaţi propoziţia a doua într-o construcţie infinitivală introdusă de *statt ... zu*:

> Er geht weg. Er spricht nicht mit uns. ⇒
> Er geht weg, *statt* mit uns *zu* sprechen.

1) Er spielt Fußball im Hof. Er macht seine Hausaufgaben nicht.

____

2) Er geht zu Fuß einkaufen. Er fährt nicht mit dem Auto.

____

3) Komm mit uns spazieren! Du solltest nicht den ganzen Tag im Haus sitzen!

____

16 Completaţi cu *statt dass* sau *statt ... zu*:

1) Kommt doch lieber morgen, ______________ schon heute ___ kommen!
2) Er geht mit seinen Freunden ins Kino, ______________ für die bevorstehende Prüfung ___ lernen.
3) ______________ er allein die Aufgabe ___ löst, hilft ihm sein Bruder dabei.
4) Er lügt sie an, ______________ ihr die Wahrheit ___ sagen.
5) Wir könnten alle mit unserem Auto fahren, ______________ jeder mit seinem eigenen Auto ___ fährt.

17 Completaţi cu *zu*, *um ... zu*, *ohne ... zu* sau *statt ... zu*:

1) _______ lange ___ zögern, nahm er das Angebot an.
2) Er hat sich entschieden, _______ auf seinen Erbteil ___ verzichten.
3) Er tut das, nur _______ dich ___ beeindrucken.
4) Er ging an mir vorbei, _______ mich ___ grüßen.
5) Dieses Jahr bleiben wir zu Hause, _______ wie gewöhnlich den Urlaub am Meer oder in den Bergen ___ verbringen.

18 Completaţi cu *dass* sau *ob*:

1) Er sagt, _______ er an dem Wettbewerb teilnimmt.
2) _______ er an dem Wettbewerb teilnimmt, ist noch ungewiss.
3) Die Frage ist, _______ er an dem Wettbewerb teilnimmt.
4) Ich habe gehört, _______ er an dem Wettbewerb teilnimmt.
5) Ich hoffe, _______ er an dem Wettbewerb teilnimmt.
6) Ich weiß nicht, _______ er an dem Wettbewerb teilnimmt.
7) Es ist nicht sicher, _______ er an dem Wettbewerb teilnimmt.
8) Es ist gut, _______ er an dem Wettbewerb teilnimmt.

19 Completaţi cu *wenn* sau *ob*:

1) _______ ihr wollt, könnt ihr eine Pause machen.
2) Ich weiß nicht, _______ er damit einverstanden ist.
3) _______ ich kann, helfe ich ihm gern.
4) Geh in die Bibliothek, _______ du in Ruhe arbeiten möchtest.
5) Sag mir bitte, _______ du meinen Brief erhalten hast.
6) _______ ich Zeit habe, komme ich gern mit.
7) Frag ihn, _______ er Lust hat, mit ins Kino zu kommen.
8) _______ du willst, kannst du mit uns nach Hause kommen.
9) Melde dich, _______ du daran interessiert bist!

20 Completaţi cu *wenn* sau *als*:

1) _______ er Zeit hatte, ging er immer schwimmen oder spazieren.
2) Er hat seine Frau kennen gelernt, _______ er einmal im Urlaub war.
3) _______ es regnete, blieben wir jedes Mal im Haus und spielten Schach.
4) _______ das Wetter schön ist, macht sie gerne lange Spaziergänge.
5) Ich war sehr überrascht, _______ ich die Nachricht hörte.
6) _______ sie das merken werden, wird es schon zu spät sein.
7) Sie hat sich das neue Kleid gekauft, _______ sie vorigen Monat in Wien war.
8) Damals, _______ es weniger Autos gab, war die Luft weniger verschmutzt und die Qualität des Lebens besser.

21 Transformaţi prima propoziţie într-o propoziţie temporală introdusă de *wenn* sau *als*:

1) Ich war jung. Alles war ganz anders.
_______ ich jung war, war alles ganz anders.
2) Sie war in Berlin. Sie hat ihre guten Freunde besucht.
____
3) Sie kommt zu Besuch. Wir plaudern gern vor dem Kamin.
____
4) Er meldete sich zu Wort. Alle wurden aufmerksam.
____
5) Er hat Probleme. Er kommt immer zu mir.
____
6) Er kam in Wien an. Es regnete.
____
7) Wir waren im Urlaub. Wir machten jedes Mal viele Ausflüge.
____
8) Ich bin mit der Arbeit fertig. Ich werde mich draußen ins Gras legen.
____

22 Reformulaţi după modelul de mai jos:

> *Ich lese ein Buch.* Ich höre manchmal Musik. ⇒
> ***Während*** *ich ein Buch lese,* höre ich manchmal Musik.

1) *Sie strickt.* Er bastelt im Keller des Hauses.

____

2) *Sie spielt mit dem Kind.* Ihr Mann bereitet das Abendessen vor.

____

3) *Ich decke den Tisch.* Du könntest den Wein aus dem Keller holen.

____

4) *Der Lehrer schreibt an der Tafel.* Georg schaut aus dem Fenster.

____

5) Er sitzt in der Bibliothek. *Seine Kommilitonen gehen auf die Party.*

____

6) Er geht arbeiten. *Sie passt auf die Kinder und das Haus auf.*

____

23 Transformaţi prima propoziţie într-o temporală introdusă de *nachdem*:

1) Er hat seine Aufgaben gemacht. Er darf spielen gehen.

Nachdem er seine Aufgaben _______________________________

2) Ich habe eine Pizza gegessen. Ich habe keinen Hunger mehr.

____

3) Er hatte studiert. Er verbrachte ein Jahr in Österreich.

____

4) Sie sind in den Bergen gewesen. Sie fahren ans Meer.

____

5) Er hat die Schule abgeschlossen. Er arbeitet jetzt als Privatlehrer.

____

6) Der Zug ist abgefahren. Das Signal steht wieder auf Rot.

____

24 Completaţi cu *bevor*, *bis* sau *seit / seitdem*:

1) Wasch dir die Hände, ___________ du dich zu Tisch setzt!
2) Ich kenne ihn, ___________ wir zusammen studiert haben.
3) Ich warte hier, ___________ du zurückkommst.
4) Sie hat große Fortschritte gemacht, ___________ ich sie voriges Jahr sah.
5) Wie lange dauert es, ___________ das Geld auf meinem Konto ist?
6) Man muss denken, ___________ man spricht.
7) Wir können einen Kaffee trinken gehen, ___________ der Zug ankommt.
8) ___________ ich in Urlaub fahre, muss ich noch ein paar Sachen erledigen.
9) Er ist viel ruhiger, ___________ er aus Deutschland zurückgekehrt ist.

25 Reformulaţi. Începeţi cu propoziţia temporală:

1) Ich sage dir Bescheid, wenn ich mehr weiß.

Wenn ich ____

2) Er hört Musik, während sie ein Buch liest.

____

3) Ich habe mich sehr gefreut, als er mich angerufen hat.

____

4) Ich gehe in die Stadt, nachdem ich mit der Arbeit fertig bin.

____

5) Ich muss schnell aufräumen, bevor die Gäste kommen.

____

6) Er ist sehr aufgeregt, seitdem er die Nachricht erhalten hat.

____

7) Er kommt immer zu Besuch, wenn er in der Stadt ist.

____

8) Er ging viel zu Fuß, als er noch kein Auto hatte.

____

26 Transformaţi propoziţia scrisă cursiv într-o subordonată introdusă de *obwohl*:

Es ist schon spät. Wir arbeiten noch an unserem Projekt. ⇒ ***Obwohl*** *es schon spät ist*, arbeiten wir noch an unserem Projekt.

1) *Er hat ein gutes Auto.* Er geht viel zu Fuß.

____

2) Sie geht weg. *Sie hat noch Zeit.*

____

3) *Er ist müde.* Er arbeitet noch.

____

4) Er geht in die Schule. *Er ist krank.*

____

5) Wir haben den Zug noch erreicht. *Es war schon spät.*

____

27 Completaţi cu *dass*, *so dass* sau *als dass*:

Die Stadt gefiel mir *so* gut, *dass* ich einen Monat dort geblieben bin. Nach der Arbeit war ich sehr müde, *so dass* ich gleich einschlief. Die Wohnung ist *zu* teuer, *als dass* wir sie uns leisten könnten.

1) Jetzt sind wir fast am Ziel, __________ wir eine Pause machen können.
2) Der Koffer ist zu schwer, __________ sie ihn hochheben könnte.
3) Er war so hungrig, __________ sein Magen zu knurren begann.
4) Er war hungrig, __________ er in ein Restaurant ging.
5) Das Wetter ist in dieser Jahreszeit meist schön, __________ wir viele Wanderungen machen können.
6) Es ist noch zu früh, __________ wir eine Entscheidung treffen könnten.
7) Dieses Fest ist so beliebt, __________ man in den letzten Jahren die Teilnehmerzahl beschränken musste.
8) Es regnete so stark, __________ wir nichts mehr machen konnten.
9) Das Thema „Umweltschutz“ ist zu wichtig, __________ wir es Journalisten und Wissenschaftlern allein überlassen dürfen.

28 Reformulaţi după modelul de mai jos:

> Du lernst *viel*. Du wirst *gute* Noten bekommen. ⇒
> *Je mehr* du lernst, *desto bessere* Noten wirst du bekommen.

1) Man liest viel. Man ist gut informiert.

____

2) Man arbeitet gut. Der Lohn ist hoch.

____

3) Das Auto ist schnell. Es kostet viel.

____

4) Das Wetter ist schön. Wir fahren gern ins Grüne.

____

5) Der Wind ist still. Der Sturm ist nah.

____

6) Das Handy ist klein. Die Bedienung ist manchmal schwierig.

____

29 Traduceţi în limba germană:

1) Cu cît citeşti mai repede, cu atît înţelegi mai puţin.

____

2) Cu cît durează filmul mai mult, cu atît devine mai plictisitor.

____

3) Cu cît vedem mai des pe cineva, cu atît ne devine el mai simpatic.

____

4) Cu cît faci mai multe exerciţii, cu atît ştii mai bine germană.

____

5) Cu cît dormi mai mult, cu atît mai obosit devii.

____

6) Cu cît e mai scurt intervalul de timp, cu atît e mai exactă prognoza vremii.

____

30 Uniţi propoziţiile cu conjuncţia *sondern*, după următorul model:

> Er wohnt nicht in Frankfurt. Er wohnt in Berlin. ⇒
> Er wohnt *nicht* in Frankfurt, *sondern* in Berlin.

1) Er ist nicht aus Deutschland. Er ist aus Österreich.

____

2) Sie ist nicht unsere Nachbarin. Sie ist meine Freundin Karla.

____

3) Er ist nicht Lehrer. Er ist Schauspieler.

____

4) Die Sitzung beginnt nicht um 9 Uhr. Sie beginnt erst um 10 Uhr.

____

31 Uniţi propoziţiile cu *nicht nur … sondern auch*, după următorul model:

> Er ist ein bekannter Schauspieler. Er ist Kabarettist. ⇒
> Er ist *nicht nur* ein bekannter Schauspieler, *sondern auch* Kabarettist.

1) Sie arbeitet in der Firma. Sie arbeitet zu Hause.

____

2) Er hat in Wien studiert. Er hat in Heidelberg studiert.

____

3) Sie interessiert sich für Sport. Sie interessiert sich für Musik.

____

4) Er unterrichtet in seiner Muttersprache. Er unterrichtet auf Deutsch.

____

32 Uniţi propoziţiile de la exerciţiul 31 cu *sowohl … als auch*:

1) ____

2) ____

3) ____

4) ____

33 **Uniţi propoziţiile cu *entweder ... oder*, după următorul model:**

> Du kommst mit. Wir sehen uns nach dem Urlaub. ⇒
> *Entweder* du kommst mit, *oder* wir sehen uns nach dem Urlaub.

1) Er ist zu Hause. Er ist an der Uni.

____

2) Wir holen dich am Bahnhof ab. Du nimmst ein Taxi.

____

3) Du rufst ihn an. Du gehst zu ihm und sprichst mit ihm darüber.

____

34 **Uniţi propoziţiile cu *weder ... noch*, după următorul model:**

> Er kann nicht Klavier spielen. Er kann nicht im Chor singen. ⇒
> Er kann *weder* Klavier spielen, *noch* im Chor singen.

1) Ich war nicht in Paris. Ich war nicht in Amsterdam.

____

2) Er hat keine Zeit. Er hat keine Lust, ein Bier trinken zu gehen.

____

3) Sie kommt heute nicht an. Sie kommt auch nicht morgen an.

____

35 **Completaţi cu *nicht nur*, *sowohl*, *entweder* sau *weder*:**

1) Ich habe ________________ ihn als auch seinen Bruder kennen gelernt.
2) Peter ist ________________ mein Chef, sondern auch ein guter Freund.
3) Er ist ________________ in seinem Zimmer noch draußen im Hof.
4) Er kommt ________________ mit dem Nachtzug oder mit seinem Auto.
5) ________________ er noch ich interessieren uns für Bildhauerei.
6) Sie ist ________________ Sängerin als auch Schauspielerin.
7) Er liest ________________ Zeitungen, sondern auch Zeitschriften.
8) Wir treffen uns ________________ bei mir oder bei dir.

36 Traduceţi în limba germană:

1) Mă bucur că vii şi tu.

____

2) Nu ştiu dacă poate veni şi el.

____

3) Dacă am timp, citesc o carte sau merg la cinema.

____

4) Cînd ne întîlnim mergem cu toţii la iarbă verde.

____

5) Cînd ne-am întîlnit, el nu m-a mai recunoscut.

____

6) Pînă cînd pot păstra dicţionarul?

____

7) De ce (în ce scop) îţi trebuie dicţionarul?

____

8) Îmi trebuie ca să traduc prospectul.

____

9) De ce (din ce cauză) cumperi medicamente?

____

10) Cumpăr medicamente pentru că bunicul meu este bolnav.

____

11) El nu se va însănătoşi dacă nu renunţă la fumat.

____

12) Deşi e obosit, ar vrea să vină la petrecere.

____

13) E aşa de obosit, că nu mai poate lucra.

____

14) El e nu numai un pianist bun, ci şi un compozitor talentat.

____

Vocabular

1 Completaţi cu terminaţiile şi cuvintele lipsă din următoarele saluturi:

1) 9 Uhr: „Gut____ ____________!“

2) 19 Uhr: „Gut____ _____________!“

3) 23 Uhr: „Gut____ ______________!“

4) 13 Uhr: „Gut____ _______________!“

5) Auf der Straße: „Auf Wieder__________!“

6) Am Telefon: „Auf Wieder___________!“

7) „Hallo, Peter! Wie geht es __________?“

8) „Guten Tag, Herr Guldenburg! Wie geht es ___________?“

9) „Danke, es geht ___________ gut!“

2 Care saluturi se folosesc la întîlnire şi care la despărţire?

Bis morgen! Auf Wiederhören! Willkommen! Schönes Wochenende! Gute Nacht! Schönen Tag noch! Moin! Man sieht sich! Grüß Gott! Guten Morgen! Alles Gute! Guten Tag! Auf Wiedersehen! Hallo! Guten Abend! Grüezi! Grüß dich! Tschüs!

1) La întîlnire	**2) La despărţire**
______________________	______________________
______________________	______________________
______________________	______________________
______________________	______________________
______________________	______________________
______________________	______________________
______________________	______________________
______________________	______________________
______________________	______________________

3 Completaţi cu substantivul adecvat din paranteză:

1) Man wird oft nach seinem ____________ beurteilt. (Aspekt / Aussehen)

2) Mein ____________ tut mir weh. (Haupt / Kopf)

3) Sie hat ein ovales ____________. (Figur / Gesicht)

4) Maria kämmt sich das ____________. (Fell / Haar)

5) An den Lidern hat man ____________. (Augenbrauen / Wimpern)

6) Dieser Politiker nimmt kein Blatt vor den ____________. (Maul / Mund)

7) Friedrich hütet dieses Geheimnis wie seinen ____________. (Adamsapfel / Augapfel)

8) Alex wurde am ____________ operiert. (Käfer / Kiefer)

9) Viele Menschen schreiben mit der linken ____________. (Arm / Hand)

10) Neugierige Katzen verbrennen sich die ____________. (Hände / Tatzen)

11) Der Hund hat sich die ____________ verletzt. (Fuß / Pfote)

12) An den Füßen hat man ____________. (Finger / Zehen)

13) An den Fingern und Zehen hat man ____________. (Krallen / Nägel)

14) Der ____________ verbindet Oberarm und Unterarm miteinander. (Ellbogen / Handgelenk)

15) Der ____________ verbindet den Fuß mit dem Bein. (Knie / Knöchel)

16) Achill war verwundbar an der ____________. (Ferse / Verse)

4 Care adjectiv se potriveşte în spaţiile libere?

breit dick dünn eng fett groß hoch schlank schmal

1) Sie hat __________e Hände und lange __________e Finger.

2) Martin trägt ein Sakko Größe 60. Er hat ___________e Schultern.

3) Schon als Kind war er ziemlich ___________ für sein Alter.

4) __________es Fast-Food-Essen und wenig Bewegung machen __________.

5) Wenn sie in die Disko geht, trägt sie __________e Kleider.

6) Sie hat eine __________e Figur und wirkt sehr sportlich.

7) Wenn der Blutdruck zu __________ ist, sollte man den Arzt aufsuchen.

5 Completaţi cu unul din adjectivele de mai jos:

altruistisch aufrichtig fleißig großzügig höflich klug mutig

1) Er ist nicht frech, sondern ____________ .
2) Er ist nicht dumm, sondern ____________ .
3) Er ist nicht ängstlich, sondern ____________ .
4) Er ist nicht egoistisch, sondern ____________ .
5) Er ist nicht faul, sondern ____________ .
6) Er ist nicht heuchlerisch, sondern ____________ .
7) Er ist nicht geizig, sondern ____________ .

6 Care adjectiv se potriveşte în spaţiile libere?

bescheiden ehrlich gewissenhaft hilfsbereit rücksichtsvoll zuverlässig

1) Jemand, der auf die Gefühle anderer achtet, ist ____________ .
2) Jemand, dem man vertrauen kann, ist ____________ .
3) Jemand, der immer die Wahrheit sagt, ist ____________ .
4) Jemand, der sich nicht vordrängt und nicht eingebildet ist, ist ____________ .
5) Jemand, der seine Pflichten sorgfältig erfüllt, ist ____________ .
6) Jemand, der den anderen gern hilft, ist ____________ .

7 Completaţi cu unul din substantivele de mai jos:

Freude Glück Laune Leidenschaft Lust Spaß Stimmung

1) Zum Geburtstag wünsche ich dir viel ____________ und Gesundheit!
2) Bei diesem herrlichen Wetter habe ich ____________ auf eine Wanderung.
3) Seine Einladung hat mir große ____________ bereitet.
4) Gestern war unsere Freundin Petra ganz niedergeschlagen, aber heute ist sie wieder guter ____________ .
5) Der Lehrer wünscht den Schülern viel ____________ bei der Lektüre.
6) Während des Essens herrschte heitere ____________ am Tisch.
7) Alles, was sie tut, tut sie mit ____________ und Enthusiasmus.

8 Care substantiv se potriveşte în spaţiile libere?

Apartment Bauernhaus City Einfamilienhaus Innenstadt Land Mehrfamilienhaus Stadt Straße Vorstadt Wohnung

1) „Wohnen deine Großeltern in derselben ______________ wie du?"

2) „Nein, sie wohnen in einem ______________ auf dem ______________ ."

3) Peter wohnt in der Genfer ______________ Nummer 13.

4) Er hat eine 3-Raum-______________ in einem ________________ .

5) Weil die Londoner ______________ so teuer ist, möchte Maximilian sein ________________ verkaufen und sich ein ____________________ in der ______________ bauen lassen.

6) Das Rathaus befindet sich in der ______________ am Marktplatz.

9 Completaţi cu substantivele de mai jos:

Badezimmer Esszimmer Küche Schlafzimmer Terrasse Wohnzimmer

1) Man isst im ______________ .

2) Man schläft im ______________ .

3) Man empfängt Gäste im ______________ .

4) Bei schönem Wetter frühstückt man auf der ______________ .

5) Man badet und duscht im ______________ .

6) Man kocht in der ______________ .

10 Completaţi cu unul din verbele de mai jos la prezent:

putzen reinigen spülen waschen wischen

1) Vor dem Essen ____________ man sich die Hände.

2) Nach dem Essen ____________ man sich die Zähne.

3) Er ____________ den Staub von den Möbeln.

4) Martin ____________ die Teppiche und die Polstermöbel.

5) Peter ____________ seine Hemden selbst.

6) Andreas ____________ das Geschirr.

11 Care substantiv se potriveşte în spaţiile libere?

Bild Bücherregale Computer Fenster Gardinen Kommode Lampe Schreibtisch Sofa Stehlampe Teppich Tisch Vorhänge

1) Mein Arbeitszimmer ist sehr hell, denn es hat zwei große _______________ .

2) An den Fenstern hängen _______________ und _______________ .

3) Vor einem Fenster steht mein _______________ .

4) Auf dem Schreibtisch steht mein _______________ .

5) An der Decke hängt eine _______________ .

6) An einer Wand stehen _______________ mit vielen Büchern.

7) An der Wand gegenüber hängt ein _______________ .

8) An derselben Wand steht ein _______________ .

9) Vor dem Sofa steht ein _______________ .

10) Neben dem Sofa steht eine _______________ .

11) Unter dem Tisch liegt ein _______________ .

12) Auf einer _______________ steht ein Fernseher.

12 Completaţi cu verbul adecvat:

abkühlen aufwärmen erfrieren erhitzen erkalten erkälten erwärmen heizen kühlen wärmen

1) Unsere Wohnung lässt sich gut _______________ .

2) Die Luft _______________ sich langsam ____ .

3) Ich _______________ die Gemüsesuppe ____ .

4) Wir _______________ uns die Hände am Ofen.

5) Das Wasser des Sees _______________ sich im Sommer auf 25 Grad.

6) Ich _______________ mir die Hände im eiskalten Wasser.

7) Er hat sich _______________ und muss im Bett liegen.

8) Der Wasserkocher _______________ das Wasser sehr schnell.

9) Seine Liebe für Franziska ist _______________ .

10) Ihr Lächeln _______________ sein Herz.

11) Viele Tiere _______________ im Winter.

13 Care verb se potriveşte în propoziţiile următoare?

begrüßen besichtigen besuchen grüßen

1) Welche Schule _______________ euer Sohn?

2) Wir _______________ den Beschluss der Bahngesellschaft, das Rauchen in allen Zügen zu verbieten.

3) Der General _______________ die Truppen.

4) Er _______________ mich immer höflich, wenn wir uns treffen.

5) Während unserer Reise haben wir die Städte am Rhein _______________ .

6) Der Gastgeber _______________ die Gäste.

7) Lassen Sie Ihre Frau von mir herzlich _______________ .

8) Am Abend _______________ wir einen alten Freund.

14 Completaţi cu unul din verbele de mai jos:

beobachten bemerken betrachten einsehen feststellen merken wahrnehmen

1) Die Kinder _______________ ihre Eltern sehr genau.

2) Ich _______________ ihn als einen guten Freund.

3) Wann hast du _______________ , dass du die Schlüssel verloren hast?

4) Hast du eine Veränderung bei ihm _______________ ?

5) Die Polizei hat das Ausmaß der Schäden _______________ .

6) Mit der Haut kann man Druck, Schmerz und Temperatur _______________ .

7) Er hat seinen Fehler noch nicht _______________ .

15 Completaţi cu unul din substantivele de mai jos:

Gast / Gäste Klient / Klienten Kunde / Kunden

1) Der Zugschaffner lässt die _____________ aussteigen.

2) Der Verkäufer berät den _____________ .

3) Der Kellner bringt dem _____________ die Speisekarte.

4) Der Anwalt vertritt seinen _____________ vor Gericht.

5) Der _____________ gibt den Schlüssel bei der Rezeption ab.

16 Care cuvînt se potriveşte în spaţiile libere?

buchen Doppelzimmer reservieren Rückfahrkarten verreisen Visum

1) Die Müllers haben Urlaub und möchten _______________ .

2) David und Xenia _______________ eine Reise im Reisebüro.

3) Da sie mit dem Zug fahren, kaufen sie ___________________ .

4) Sie müssen noch bei der Botschaft ein _______________ beantragen.

5) Sie wohnen in einem _______________ mit Aussicht auf die Berge.

6) Die Touristen _______________ Konzert- und Theaterkarten.

17 Completaţi cu substantivul adecvat:

Geld Konto Kredit Kreditkarte Raten Rechnung Zinsen

1) Peter hat sich einen _______________ eröffnet.

2) Von seinem Konto kann er _______________ abheben oder überweisen.

3) In vielen Kaufhäusern kann er mit der _______________ bezahlen.

4) Jetzt geht er zur Bank und bezahlt eine _______________ .

5) Voriges Jahr hat er einen _______________ aufgenommen.

6) Jeden Monat zahlt er _______________ .

7) Für das geliehene Geld muss er auch _______________ zahlen.

18 Completaţi cu verbul adecvat:

empfangen öffnen herunterladen schicken schreiben speichern surfen

1) Viele Jugendliche sitzen den ganzen Tag vor dem Computer und ____________ im Internet.

2) Sie _______________ E-Mails von ihren Schulfreunden.

3) Sie _______________ elektronische Postkarten und E-Mails an ihre Freunde.

4) Manche _______________ ihre Referate am Computer.

5) Vom Internet kann man auch Musik und Filme _______________ .

6) Die Dateien werden mit verschiedenen Programmen _______________ .

7) Dateien kann man auf der CD, der Diskette oder der Festplatte ____________ .

19 Completaţi cu verbul adecvat:

ausbleichen erbleichen

1) Er ____________ vor Angst.

2) Vollwaschmittel können die Buntwäsche ____________ .

grauen ergrauen

3) Wenn der Tag ____________ , machen wir uns auf den Weg.

4) Peters Haar ist vorzeitig ____________ .

grünen begrünen

5) Die Schüler ____________ den Schulhof.

6) Im Frühling ____________ und blüht alles.

röten erröten

7) Wenn er sich beobachtet fühlt, ____________ er.

8) Die Haut ____________ sich beim Sonnenbaden.

20 Completaţi cu unul din adjectivele de mai jos:

blau gelb grau grün rosarot rot schwarz weiß

1) Sie ist sehr pessimistisch, d. h. sie sieht alles ___________ .

2) Er ist mit einem ___________en Auge davon gekommen.

3) Das wirkt wie ein ___________es Tuch auf ihn.

4) Schon am Vormittag ist er völlig ___________ .

5) Da er kein Geld dabei hatte, ist er ___________ gefahren.

6) Das habe ich ___________ auf ___________ gelesen.

7) Sie wurde ___________ vor Neid.

8) Dieses Jahr hatten wir ___________e Weihnachten.

9) Sie macht heute einen ___________en Montag.

10) Jetzt hast du endlich ___________es Licht für deinen Plan.

11) Er sieht alles durch eine ____________e Brille.

12) Viele Menschen ohne Arbeitserlaubnis arbeiten ___________ .

13) Es lässt sich keine ___________ en Haare wachsen.

21 Completaţi cu articolul corespunzător:

1) _______ Kaffee ist ein beliebtes Getränk.

2) _______ Kaffee (Café) ist eine Gaststätte, wo man Kaffee trinken kann.

3) _______ Kunde ist eine Nachricht.

4) „ _______ Kunde ist König" ist das Moto vieler Firmen.

5) _______ Taube ist ein Vogel und ein Symbol des Friedens.

6) _______ Taube ist ein Mann, der nicht hören kann.

7) _______ Steuer ist eine Abgabe an den Staat, die man periodisch zahlen muss.

8) _______ Steuer ist eine Vorrichtung zum Lenken der Autos.

9) _______ Verdienst ist das Gute, das jemand leistet.

10) _______ Verdienst ist das Geld, das jemand für seine Arbeit bekommt.

22 Completaţi cu forma adecvată de plural:

die Bank ⇒ die Bänke / die Banken

1) Die _______________ im Park wurden gestrichen.

2) Die _______________ schließen um 16 Uhr.

der Block ⇒ die Blöcke / die Blocks

3) In den letzten Jahren wurden hier mehrere Häuser_______________ gebaut.

4) Zum Bau des Turmes wurden 246 _______________ Granit verwendet.

der Druck ⇒ die Drucke / die Drücke

5) Die _______________ in den Behältern sind unverändert geblieben.

6) Die Bibliothek hat die _______________ auf dem Antiquariatsmarkt erworben.

das Tuch ⇒ die Tücher / die Tuche

7) Steinzeit-Frauen webten schon feine _______________ .

8) Dieses Material fällt leicht und ist deshalb ideal für _______________ .

das Wort ⇒ die Worte / die Wörter

9) Seine _______________ haben mich sehr beeindruckt.

10) Diese _______________ stammen aus dem Türkischen.

23 **Completaţi cu pluralul substantivelor din paranteză:**

1) Unsere ______________ hatten Verspätung. (Bus)
2) Die meisten ______________ wachsen sehr langsam. (Kaktus)
3) In diesem Fachgeschäft kann man ______________ und ______________ kaufen. (Globus, Atlas)
4) Wie viele ______________ gibt es in dieser Stadt? (Gymnasium)
5) Der Lehrer zeichnet ______________ an die Tafel. (Schema)
6) ______________ sind Substanzen zur Behandlung von Infektionskrankheiten. (Antibiotikum)
7) ______________ und ______________ sind heutzutage beliebte Treffpunkte. (Arena, Stadion)
8) Der Mechaniker repariert ______________ . (Motor)
9) Jeder kennt die drei ______________ Domingo, Carreras und Pavarotti. (Tenor)

24 **Transformaţi propoziţiile după modelul de mai jos:**

Der Regisseur inszeniert *ein klassisches Drama.* ⇒ Der Regisseur inszeniert *klassische Dramen.*

1) Die Studenten besprechen *ein interessantes Thema.*

____

2) *Das Laboratorium* der Schule ist gut ausgestattet.

____

3) Wir haben *ein Museum* und *ein Denkmal* besichtigt.

____

4) Der Wissenschaftler hat *ein Virus* und *einen Bazillus* entdeckt.

____

5) Peter hat sich *ein Kunstalbum* gekauft.

____

6) Auf dem Schreibtisch liegt *ein Lexikon.*

____

25 Completaţi cu prepoziţia adecvată din paranteză:

1) Er antwortet ______ den Brief seines Freundes. (an / auf)

2) Er ärgert sich ______ seinen Chef. (auf / über)

3) Der Student bewirbt sich ______ ein Stipendium. (an / um)

4) Erinnerst du dich ______ Peter? (an / von)

5) Sie hat mich ______ deiner Telefonnummer gefragt. (nach / von)

6) Er interessiert sich ______ Kunst und Kultur. (für / von)

7) Antonio leidet ______ Kopfschmerzen. (an / von)

8) Sie orientiert sich ______ den Normen der Gesellschaft. (an / nach)

9) Die Tiere reagieren ______ die Veränderung ihres Lebensumfelds. (an / auf)

10) Er sehnt sich ______ seiner Heimat. (nach / von)

11) Sie nimmt ______ einem wichtigen Wettbewerb teil. (an / bei)

12) Er träumt ______ einer Reise nach Asien. (nach / von)

13) Heute ist sie ______ mir vorbeigefahren. (an / neben)

14) Wir bereiten uns ______ das Examen vor. (auf / für)

15) Er ist ______ uns zugekommen. (auf / gegen)

26 Reformulaţi propoziţiile de mai jos folosind verbul din paranteză:

1) Das Kind ist auf seine Eltern angewiesen. (abhängen + von + D)

____

2) Ich überlege mir seinen Vorschlag. (nachdenken + über + A)

____

3) Das Kindermädchen kümmert sich um die Kinder. (aufpassen + auf + A)

____

4) Sie ist anders als ihre Schwester. (sich unterscheiden + von + D)

____

5) Er gibt seine Kandidatur zur Präsidentschaftswahl auf. (verzichten + auf + A)

____

27 Completaţi cu verbul adecvat din paranteză:

1) Sie hat eine kluge Entscheidung ______________ . (nehmen / treffen)

2) Er ______________ ein Gespräch mit einer Schauspielerin. (führen / machen).

3) Maria ______________ Abschied von ihren Freunden. (holen / nehmen)

4) Ihr Vortrag ______________ unser Interesse. (erwecken / wecken)

5) Morgen wird er einen Vertrag ______________ . (abschließen / verschließen)

6) Sie hat ihren Willen fast immer ______________ . (durchsetzen / imponieren)

7) Er wird ein gutes Wort für uns ______________ . (beilegen / einlegen)

8) Sie hat sich eine Infektion ______________ . (bringen / holen)

9) Wir haben einen wichtigen Beschluss ______________ . (fassen / erfassen)

10) Man muss dringend Maßnahmen ______________ . (begreifen / ergreifen)

11) Er hat einen schweren Fehler ______________ . (begehen / leisten)

12) Wir ______________ Vorbereitungen für unsere Party. (nehmen / treffen)

13) Sie ______________ regelmäßig Sport. (betreiben / treiben)

14) Der Richter hat ein Urteil ______________ . (fallen / fällen)

15) Morgen wird er eine Prüfung ______________ . (ablegen / abstellen)

16) Dieser Sportler hat in beiden Kategorien den ersten Preis ______________ . (gewinnen / verdienen)

28 Completaţi cu prepoziţia adecvată din paranteză:

1) Viele Kinder sind allergisch ______ Erdnüsse. (an / gegen)

2) Dieser Student ist sehr beliebt ______ seinen Professoren. (bei / von)

3) Er ist ______ jeder Tat fähig. (von / zu)

4) Sie ist immun ______ diese Krankheit. (an / gegen)

5) Gemüse ist reich ______ Vitaminen und Mineralstoffen. (an / in)

6) Er ist rot ______ Wut. (von / vor)

7) Sie ist stolz ______ ihren Sohn. (auf / von)

8) Er ist ______ seine Kollegin verliebt. (in / von)

29 Formulați întrebări cu adverbe pronominale după modelul de mai jos:

Er denkt an seine Reise. => *Woran* denkt er?
Er schreibt mit dem Füller. => *Womit* schreibt er?

1) Maria bereitet sich auf eine Prüfung vor.

_______________ bereitet sich Maria vor?

2) Georg sehnt sich nach seiner Heimatstadt.

____

3) Peter nimmt an einem Wettbewerb teil.

____

4) Anna interessiert sich für Musik und Malerei.

____

5) Sie bewirbt sich um ein Stipendium in Österreich.

____

6) Michael träumt von einem eigenen Haus mit Garten.

____

7) Sie sprechen über ihre Reise.

____

8) Die Bauarbeiter leiden unter Lärm.

____

9) Die Prüfung besteht in der Übersetzung eines Textes aus dem Deutschen.

____

10) Der Hund fürchtet sich vor Gewitter.

____

11) Kerzen macht man aus Wachs.

____

12) Die Schüler fangen mit einer Wiederholung an.

____

13) Er gratuliert ihr zum Abschluss des Studiums.

____

30 Formulaţi întrebări cu adverbe pronominale (pentru lucruri) sau cu pronume interogative (pentru persoane) după modelul de mai jos:

Er wartet auf den Bus. => *Worauf* wartet er? Er wartet auf seinen Freund. => *Auf wen* wartet er?

1) Petra spricht mit ihrem Kollegen.

______________ spricht Petra?

2) Er erkundigt sich nach dem Fahrplan der Züge.

____

3) Der Schriftsteller schreibt an einem neuen Roman.

____

4) Martina schreibt einen Brief an ihren Geschäftspartner.

____

5) Seine Familie besteht aus seiner Mutter, seinem Vater, seiner Oma und seinem jüngeren Bruder.

____

6) Das Mosaik besteht aus vielen bunten Steinen.

____

7) Er ärgert sich über seinen Kollegen.

____

8) Der Arbeiter beschwert sich über die Arbeitsbedingungen.

____

9) Die Nachbarin hat ihn nach seiner Schwester gefragt.

____

10) Ursula konzentriert sich auf ihre Arbeit.

____

11) Christine kümmert sich um ihre jüngeren Geschwister.

____

12) Die Bürger protestieren gegen die Verschmutzung der Umwelt.

____

Perechi de verbe corespondente (tranzitive și intranzitive)

hängen, hängte, gehängt (h) + A + prepoziție + A = a atîrna ceva undeva →
hängen, hing, gehangen (h)* + prepoziție + D = a sta atîrnat undeva ↓

stellen, stellte, gestellt (h) + A + prepoziție + A = a pune ceva vertical →
stehen, stand, gestanden (h) + prepoziție + D = a sta vertical ↓

legen, legte, gelegt (h) + A + prepoziție + A = a pune ceva orizontal →
liegen, lag, gelegen (h) + prepoziție + D = a sta orizontal, a fi situat ↓

setzen, setzte, gesetzt (h) + A + prepoziție + A = a așeza ceva →
sitzen, saß, gesessen (h) + prepoziție + D = a fi așezat, a ședea ↓

stecken, steckte, gesteckt (h) + A + prepoziție + A = a pune, a vîrî, a înfige ceva →
stecken, steckte, gesteckt (h) + prepoziție + D = a fi vîrît, a fi înfipt ↓

Verbele de mai sus se folosesc cu prepoziții bicazuale (a se vedea și anterior, la pagina 115):

an = la, pe (dar nu deasupra)
auf = pe (deasupra), la
hinter = în spatele
in = în, la
neben = lîngă
über = deasupra, peste
unter = sub
vor = în fața
zwischen = între

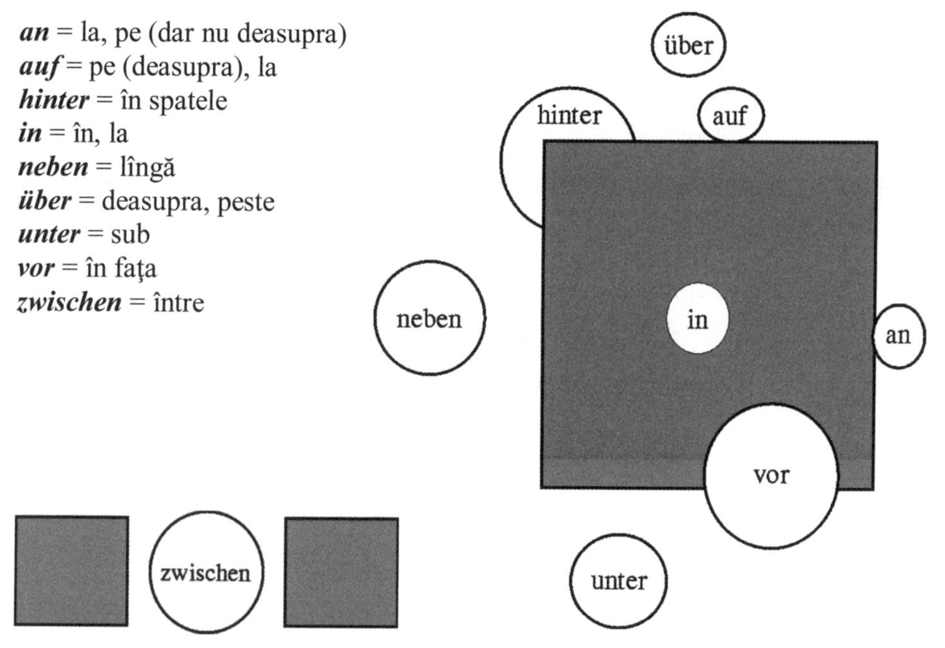

* În sudul Germaniei, în Austria și în Elveția, acest verb, precum și verbele *stehen, liegen, sitzen* și *stecken* fac perfectul și cu auxiliarul *sein.*

31 Completaţi cu *hängen, hängte, gehängt* sau *hängen, hing, gehangen*:

1) Er _____________ die Bilder an die Wand. (Prezent)

2) Die Bilder _____________ an der Wand. (Prezent)

3) Maria _____________ ihre Jacke an den Haken. (Preterit)

4) Ihre Jacke _____________ am Haken. (Preterit)

5) Wir _______ die Vorhänge ans Fenster _____________ . (Perfect)

6) Die Vorhänge_______ am Fenster _____________ . (Perfect)

32 Completaţi cu *stellen* sau *stehen* la timpul indicat în paranteză:

1) Er _____________ sich neben seinen Bruder. (Preterit)

2) Wohin _____________ du die Vase? (Prezent)

3) Er _______ die ganze Zeit neben mir _____________ . (Perfect)

4) Der Vater _____________ am Fenster und schaute hinaus. (Preterit)

5) Wohin _______ du den Stuhl _____________ ? (Perfect)

6) Die Vase _____________ auf dem Tisch. (Prezent)

7) Er _____________ eine interessante Frage. (Prezent)

8) Diese Frage _____________ nicht zur Diskussion. (Prezent)

33 Completaţi cu *legen* sau *liegen* la timpul indicat în paranteză:

1) Er _____________ in der Sonne und tat so, als ob er schlafen würde. (Preterit)

2) Der Vater _____________ das Kind ins Bett. (Prezent)

3) Wohin _______ du die Zeitung _____________ ? (Perfect)

4) Wir _____________ großen Wert auf Pünktlichkeit. (Prezent)

5) Die Zeitung _______ die ganze Zeit auf dem Schreibtisch _____________ . (Perfect)

6) Das Kind _____________ im Bett und schläft. (Prezent)

7) Er _____________ sich auf sein Sofa uns schlief sofort ein. (Preterit)

8) Rumänien _____________ im Südosten Europas. (Prezent)

34 Completaţi cu *setzen* sau *sitzen* la timpul indicat în paranteză:

1) Wo ________ ihr _______________ ? (Perfect)

2) Wir ________ uns neben unsere Freunde _______________ . (Perfect)

3) Komm, _______________ dich an den Tisch! (Imperativ)

4) Wohin _______________ du dich? (Prezent)

5) _______________ euch in die Runde! (Imperativ)

6) Sie _______________ sich zwischen ihren Mann und ihr Kind. (Preterit)

7) Wo _______________ du jetzt? (Prezent)

8) Sie _______________ zwischen ihrem Mann und ihrem Kind. (Preterit)

35 Completaţi cu *stecken* la timpul indicat în paranteză:

1) Wohin _______________ du den Stecker? (Prezent)

2) Ich _______________ den Stecker in die Steckdose. (Prezent)

3) Der Stecker _______________ in der Steckdose. (Prezent)

4) Wohin ________ er das Buch _______________ ? (Perfect)

5) Er _______________ das Buch in seine Tasche. (Preterit)

6) Wer ________ hinter diesem Pseudonym? (Preterit)

7) Wo _______________ denn Peter? (Prezent)

36 Completaţi cu articolul hotărît corespunzător:

1) Er setzt sich auf ______ Bank (f).

2) Ihr Mantel hängt an ______ Haken (m) neben der Tür.

3) Die Zeitung liegt auf ______ Tischchen (n).

4) Sie stellte die Leiter an ______ Wand (f).

5) Die Sekretärin sitzt neben ______ Direktor (m).

6) Sie steckt zwei Hühner an ______ Spieß (m).

7) Er legt das Buch auf ______ Tischchen (n).

8) Die Leiter steht an ______ Wand (f).

37 Completaţi cu *erschrecken* la timpul indicat în paranteză:

erschrecken, erschreckte, erschreckt (h) + A = a speria pe cineva
erschrecken (i), erschrak, erschrocken (s) = a se speria

1) Das Kind _______________ bei lauten Geräuschen. (Prezent)

2) Warum _______________ du mich so früh am Morgen? (Prezent)

3) _______________ nicht! (Imperativ, Pers. a II-a Sg)

4) _______________ deinen Kollegen nicht! (Imperativ, Pers. a II-a Sg)

5) Maria _______________ ihre Freundin mit einer Maske. (Preterit)

6) Er _______ total _______________ . (Perfect)

7) Eva _______ mich sehr _______________ . (Perfect)

8) Er _______________ fürchterlich bei ihrem Anblick. (Preterit)

9) Ein Sprichwort sagt: „Der Furchtsame _______________ vor der Gefahr, der Feige in ihr, der Mutige nach ihr.” (Prezent)

10) Wir _______________ wegen des plötzlich einsetzenden Lärms. (Preterit)

11) Viele Schüler _______________ bei zu langen Übungen. (Prezent)

12) Georg _______________ seine Schwester mit einem lauten Schrei. (Prezent)

38 Completaţi cu *löschen* sau *erlöschen* la timpul indicat în paranteză:

löschen, löschte, gelöscht (h) + A = a stinge ceva, a anula
erlöschen (i), erlosch, erloschen (s) = a se stinge, a pieri, a nu mai fi valabil

1) Die Abo-Montaskarte _______________ am letzten Tag des Monats. (Prezent)

2) Die Feuerwehr _______________ das Feuer. (Preterit)

3) Wir ________ unseren Durst mit Mineralwasser _______________ . (Perfect)

4) Das Feuer _______________ , ohne großen Schaden anzurichten. (Preterit)

5) Louise _______________ das Licht und geht schlafen. (Prezent)

6) Alle deutschen Vulkane ________ _______________ . (Perfect)

7) Die Firma ________ schon _______________ . (Mai mult ca perfect)

8) Er ________ alle seine Schulden _______________ . (Perfect)

9) Seine Liebe für die Natur und das Leben im Freien ________ noch nicht _________ . (Perfect)

39 Completaţi cu *(ver)senken* sau *(ver)sinken* la timpul indicat în paranteză:

senken, senkte, gesenkt (h) + A = a coborî ceva, a scădea ceva
sinken, sank, gesunken (s) = a coborî, a scădea
versenken, versenkte, versenkt (h) + A = a scufunda ceva
versinken, versank, versunken (s) = a se scufunda

1) Er _______________ den Blick und schwieg. (Preterit)

2) Die Soldaten _______ das Schiff _______________. (Perfect)

3) Die Temperaturen _______________ von Tag zu Tag. (Prezent)

4) Die Zäune _______ im Schnee _______________. (Perfect)

5) Die Regierung _______________ die Steuern. (Prezent)

6) Die Preise __________ bald _______________. (Viitor)

40 Completaţi cu *sprengen* sau *springen* la timpul indicat în paranteză:

sprengen, sprengte, gesprengt (h) + A = a arunca în aer, a sparge, a stropi
springen, sprang, gesprungen (s) = a sări, a crăpa, a plesni

1) Der Dieb _______ über einen Zaun _______________. (Mai mult ca perfect)

2) Die Kinder _______________ und laufen im Hof. (Prezent)

3) Man _______ die alte Brücke _______________. (Perfect)

4) Ein Schwimmer _______________ ins Wasser und rettete das Kind. (Preterit)

5) Die Feder meiner Uhr _______ _______________. (Perfect)

6) Seine Liebe für sie _______________ alle Ketten. (Preterit)

41 Completaţi cu *verschwenden* sau *verschwinden*:

verschwenden, verschwendete, verschwendet (h) + A = a risipi, a irosi
verschwinden, verschwand, verschwunden (s) = a dispărea

1) _______________ und lass dich hier nie wieder sehen! (Imperativ)

2) Der Täter _______ spurlos _______________. (Perfect)

3) Er _______________ sein ganzes Taschengeld für Computerspiele. (Prezent)

4) Der Erbe _______ das ganze Vermögen _______________. (Perfect)

5) Er _______________ keine Zeit und machte sich sofort an die Arbeit. (Preterit)

6) Mit diesem Waschmittel _______________ der Schmutz im Nu. (Prezent)

42 Care este forma corectă a numelor germane ale localităţilor de mai jos?

1) Aiud	a. Straßburg	b. Straßburg am Mieresch
2) Alba Iulia	a. Karlsburg	b. Weißburg
3) Bistriţa	a. Bistritz	b. Bistritza
4) Braşov	a. Kronstadt	b. Kronnstadt
5) Bucureşti	a. Bucharest	b. Bukarest
6) Chişinău	a. Kischinau	b. Kischinew
7) Cluj	a. Klusium	b. Klausenburg
8) Hunedoara	a. Eisenmarkt	b. Eisenstadt
9) Iaşi	a. Jaschy	b. Jassy
10) Mediaş	a. Mediasch	b. Mediesch
11) Oradea	a. Großwardein	b. Großwahrdein
12) Sebeş	a. Mühlbach	b. Müllbach
13) Sibiu	a. Herrmannstadt	b. Hermannstadt
14) Sighişoara	a. Schäßburg	b. Scheßburg
15) Timişoara	a. Temeswar	b. Temeschstadt
16) Tîrgu-Mureş	a. Neumarkt	b. Neumark
17) Florenţa	a. Florenz	b. Florentz
18) Milano	a. Meiland	b. Mailand
19) Napoli	a. Neapol	b. Neapel
20) Roma	a. Rome	b. Rom
21) Torino	a. Turin	b. Torin
22) Veneţia	a. Venedich	b. Venedig
23) Atena	a. Athin	b. Athen
24) Bratislava	a. Pressburg	b. Pretzelburg
25) Ierusalim	a. Jerusalim	b. Jerusalem
26) Moscova	a. Moskva	b. Moskau
27) Praga	a. Prag	b. Praha
28) Varşovia	a. Warschau	b. Danzig

43 Cum se numesc locuitorii țărilor de mai jos și care este adjectivul derivat de la numele acestor locuitori?

1) Ägypten	a. der Ägyptene, ägyptenisch	b. der Ägypter, ägyptisch
2) Albanien:	a. der Albaner, albanisch	b. der Albanese, albanesisch
3) Angola:	a. der Angolaner, angolanisch	b. der Angolese, angolesisch
4) Belgien	a. der Belgianer, belgianisch	b. der Belgier, belgisch
5) Bolivien	a. der Bolivianer, bolivianisch	b. der Bolivier, bolivisch
6) Brasilien	a. der Brasilier, brasilisch	b. der Brasilianer, brasilianisch
7) Chile	a. der Chilene, chilenisch	b. der Chilianer, chilianisch
8) Dänemark	a. der Däne, dänisch	b. der Danese, danesisch
9) Finnland	a. der Finnländer, finnländisch	b. der Finne, finnisch
10) Indien	a. der Indianer, indianisch	b. der Inder, indisch
11) Irak	a. der Iraker, irakisch	b. der Irakianer, irakianisch
12) Irland	a. der Irländer, irländisch	b. der Ire, irisch
13) Israel	a. der Israelit, israelitisch	b. der Israeli, israelisch
14) Italien	a. der Italier, italisch	b. der Italiener, italienisch
15) Japan	a. der Japanese, japanesisch	b. der Japaner, japanisch
16) Jemen	a. der Jemenit, jemenitisch	b. der Jemener, jemenisch
17) Kanada	a. der Kanader, kanadesisch	b. der Kanadier, kanadisch
18) Kuba	a. der Kubanese, kubanesisch	b. der Kubaner, kubanisch
19) Libanon	a. der Libanese, libanesisch	b. der Libaner, libanisch
20) Monaco	a. der Monaker, monakisch	b. der Monegasse, monegassisch
21) Mongolei	a. der Mongole, mongolisch	b. der Mongoler, mongolesisch
22) Peru	a. der Peruaner, peruanisch	b. der Peruvianer, peruvianisch
23) Polen	a. der Polonese, polonesisch	b. der Pole, polnisch
24) Portugal	a. der Portugese, portugesisch	b. der Portugiese, portugiesisch
25) Spanien	a. der Spanier, spanisch	b. der Spaniole, spaniolisch
26) Tunesien	a. der Tunese, tunisch	b. der Tunesier, tunesisch
27) Uruguay	a. der Uruguayer, uruguayisch	b. der Uruguayaner, uruguayanisch

44 Completaţi cu numele capitalelor landurilor federale germane şi austriece:

Berlin, Dresden, Potsdam, Bremen, Magdeburg, München, Hamburg, Düsseldorf, Wiesbaden, Kiel, Schwerin, Hannover, Erfurt, Mainz, Stuttgart, Saarbrücken

1) Baden-Württemberg ____________________

2) Bayern ____________________

3) Berlin ____________________

4) Brandenburg ____________________

5) Bremen ____________________

6) Hamburg ____________________

7) Hessen ____________________

8) Mecklenburg-Vorpommern ____________________

9) Niedersachsen ____________________

10) Nordrhein-Westfalen ____________________

11) Rheinland-Pfalz ____________________

12) Saarland ____________________

13) Sachsen ____________________

14) Sachsen-Anhalt ____________________

15) Schleswig-Holstein ____________________

16) Thüringen ____________________

St. Pölten, Eisenstadt, Wien, Klagenfurt, Linz, Salzburg, Innsbruck, Graz, Bregenz

17) Burgenland ____________________

18) Kärnten ____________________

19) Niederösterreich ____________________

20) Oberösterreich ____________________

21) Salzburg ____________________

22) Steiermark ____________________

23) Tirol ____________________

24) Vorarlberg ____________________

25) Wien ____________________

Cheia exercițiilor

ARTICOLUL

2. 1) der, den 2) die, den 3) das, die 4) die, der 5) der, der 6) die, den 7) der, das 8) die, dem, die 9) die, den, das 10) der, dem 11) das, des 12) der, die, der 13) der, dem, die 14) die, des

3. 1) des Lehrers 2) des Märchens 3) der Studentin 4) der Großeltern 5) des Professors 6) der Wohnung 7) des Museums 8) des Kapitäns 9) der Leute 10) des Kindes 11) des Studenten 12) der Schülerin 13) des Mädchens

4. 1) dem Freund 2) den Besuchern 3) dem Sohn 4) der Schülerin 5) den Schülern 6) der Gesundheit 7) dem Enkel 8) der Enkelin 9) dem Mädchen 10) der Forscherin 11) dem Gastgeber 12) dem Kind

5. 1) den Regenschirm 2) die Blumen 3) das Badezimmer 4) den Hund 5) die Katze 6) das Kind 7) die Papiere 8) den Brief 9) das Taxi 10) den Bus 11) die Geduld 12) den Dom 13) den Roman

6. 1) N, D, A 2) N, G, A 3) N, D, A 4) N, A, G 5) N, G, A 6) N, D 7) D, N 8) N, A, G 9) N, D, A 10) D, N, G 11) N, D, A 12) N, A, G

7. 1) der, dem, die 2) die, das 3) der, dem Studenten, die 4) das, des Romans 5) den Freunden, den 6) der, des Autors 7) die, dem Kranken, das 8) den, die 9) der, der, die 10) die, den Kindern 11) der, dem, die 12) den, das 13) der, die, der 14) die, den Politikern 15) die, die, der

8. die Freiheit, der Tourist, die Musik, das Parlament, der Kaffee, der Organismus, der Student, die Schülerin, der Honig, die Energie, die Rose, das Programm, die Garage, das Aspirin, die Bilanz, das Lesen, der Stein, der Doktor, der März, der Laborant, der Stipendiat, das Apartment, das Klima, das Silber, der Wein, die Freundschaft, der Winter, die Universität, das Gebirge, das Bier, die Natur, die Konkurrenz, das Altertum, das Schneeglöckchen, das Café, die Bronchitis, der Basalt, die Ballade, das Quartett, der Norden, der Grafiker, der Aktionär, der Sturm, der Montag, das Leben, der Teppich, die Toleranz, der Doktorand, die Partei, die Familie, das Fräulein, das Datum, die Wohnung, das Studium, das Thema, der Lehrling, das Labor, der Schnee, die Wahrheit, die Freundin, das Schema, das Benzin, die Nation, der Geologe, die Bäckerei, das Mädchen, der Wind, die Idee, der Diamant, der Patient, das Fünftel, der Kollege.

10. 1) ein 2) ein 3) einen 4) einem 5) eines 6) einer 7) einen 8) eine 9) ein 10) ein 11) eine 12) eines 13) einer 14) einem 15) eine 16) einen

11. 1) eines Besuchers 2) einer Professorin 3) eines Autos 4) eines Schülers 5) eines Studenten 6) einer Tante 7) eines Kindes 8) eines Kollegen 9) einer Freundin 10) eines Mädchens 11) einer Schwalbe 12) eines Ausflugs

12. 1) einem Freund 2) einer Kollegin 3) einem Kollegen 4) einer Mädchen 5) einem Arbeiter 6) einer Dame 7) einem Studenten 8) einer Firma 9) einem Gast 10) einem Ausflug 11) einem Kind 12) einer Freundin 13) einer Adresse

13. 1) einen Dom 2) eine Kirche 3) ein Kloster 4) einen Baum 5) einen Monat 6) eine Flasche 7) einen Ausflug 8) einen Schweinebraten 9) ein Wiener Schnitzel 10) einen Film 11) eine Pizza, ein Bier 12) einen Brief 13) ein Doppelzimmer 14) eine Erzählung 15) einen Roman 16) ein Taxi 17) einen Bruder 18) ein Formular 19) einen Freund 20) eine Reise

14. 1) den Freund 2) dem Mann 3) der Junge 4) der Frau 5) die Rose 6) dem Studenten 7) des Mädchens 8) den Kollegen 9) des Menschen 10) das Kind

15. 1) - , - 2) einen, - 3) die, - , - 4) eine, ein 5) der / die, den 6) - , - 7) der, dem, die / eine 8) die, den, einen 9) die, der, - 10) der, - , - 11) die, ein 12) die, - , das, - 13) - , ein 14) - , die 15) - , - 16) die, den, - 17) das / ein, die / eine 18) die, den 19) der, - 20) die, ein, - 21) die, dem, die 22) - , - , - 23) - , - 24) der, dem 25) - , einen 26) die, die, der 27) das, ein

PRONUMELE

1. 1) er 2) wir 3) ich 4) ihr 5) sie 6) du 7) es 8) sie 9) er 10) sie 11) sie

2. 1) mir 2) dir 3) ihm 4) ihr 5) ihm 6) uns 7) euch 8) ihnen 9) Ihnen 10) mir 11) ihnen 12) dir 13) uns 14) ihnen 15) ihr 16) ihm 17) euch 18) mir

3. 1) nach Ihnen 2) mit dir 3) bei ihr 4) zu euch 5) von uns 6) mir gegenüber 7) dank ihm

4. 1) mich 2) dich 3) ihn 4) sie 5) es 6) uns 7) euch 8) sie 9) Sie 10) dich 11) ihn 12) Sie 13) uns 14) es 15) mich 16) sie 17) ihn 18) euch

5. 1) gegen ihn 2) für uns 3) durch ihn 4) ohne sie 5) um dich 6) für euch 7) ohne mich

6. 1) es, ihm, es ihm 2) sie, ihr, sie ihr 3) ihn, ihm, ihn ihm 4) es, ihnen, es ihnen 5) sie, ihm, sie ihm 6) es, ihnen, es ihnen

7. 1) Ja, ich rufe ihn heute an. Nein, ich rufe ihn heute nicht an. 2) Ja, ich zeige ihn ihr. Nein, ich zeige ihn ihr nicht. 3) Ja, sie ähnelt ihm. Nein, sie ähnelt ihm nicht. 4) Ja, er fragt sie nach ihm. Nein, er fragt sie nicht nach ihm. 5) Ja, sie erzählt ihnen von ihm. Nein, sie erzählt ihnen nicht von ihm.

8. 1) ihm 2) sich, sich 3) sie 4) sich 5) sich, ihr 6) sich, sich 7) ihnen 8) sich

9. 1) Eure Sachen sind hier. 2) Mein Wörterbuch ist hier. 3) Ihre Seminararbeit ist hier. 4) Deine Mappe ist hier. 5) Mein / Unser Gepäck ist hier. 6) Unsere Rucksäcke sind hier.

10. 1) Ihre Diplomarbeit ist interessant. 2) Seine Eltern haben ein schönes Haus. 3) Ihr Erfolg freut uns sehr 4) Sein Verhalten beunruhigt mich.

11. 1) mein 2) meines 3) meinem 4) meinen 5) meine 6) meiner 7) meiner 8) meine 9) mein 10) meines 11) meinem 12) mein 13) meine 14) meiner 15) meinen 16) meine
12. 1) meinen Bruder 2) meiner Freunde 3) meines Besuchers 4) meinen Eltern 5) mein Hemd 6) meinen Sohn 7) meiner Kollegin 8) meinem Vater 9) meine Schwester
13. 1) dein 2) deine 3) dein 4) deine 5) deines 6) deiner 7) deines 8) deiner 9) deinem 10) deiner 11) deinem 12) deinen 13) deinen 14) deine 15) dein 16) deine
14. 1) deinen Bus 2) deinem Kind 3) deiner Schwester 4) deinen Geschwistern 5) deiner Mutter 6) deine Eltern 7) dein Deutschlehrer 8) deinen Freunden 9) dein Kind
15. 1) sein 2) seinem 3) seine 4) seines 5) seine 6) sein 7) seiner 8) seine 9) sein 10) seinen 11) seiner 12) seinen 13) seiner 14) seine 15) seinem 16) seines
16. 1) seinen Eltern, seine Reise 2) seine Geliebte 3) seinen Garten 4) seines Kindes 5) seiner Eltern 6) seinem Garten 7) seine Frau 8) seiner Tochter
17. 1) ihr 2) ihres 3) ihrem 4) ihren 5) ihre 6) ihrer 7) ihrer 8) ihre 9) ihr 10) ihres 11) ihrem 12) ihr 13) ihre 14) ihrer 15) ihren 16) ihre
18. 1) ihr Freund 2) ihrer Tochter 3) ihren Mann 4) ihres Bruders 5) ihren Eltern 6) ihrem Sohn 7) ihr Kind 8) ihren Freunden, ihren Garten
19. 1) unsere 2) unserer 3) unserer 4) unsere 5) unser 6) unseres 7) unserem 8) unser 9) unsere 10) unserer 11) unseren 12) unsere 13) unser 14) unseres 15) unserem 16) unseren
20. 1) unser Kind 2) unserer Cousine 3) unserem Sohn 4) unserer Freundin 5) unser Onkel 6) unsere Tante 7) unserem Garten 8) unsere Freunde 9) unseres Mädchens
21. 1) euer 2) eures 3) eurem 4) euren 5) eure 6) eurer 7) eurer 8) eure 9) euer 10) eures 11) eurem 12) euer 13) eure 14) eurer 15) euren 16) eure
22. 1) eurer Freunde 2) euren Freund 3) eure Tochter 4) euer Garten 5) eurem Vater 6) eure Wohnung 7) eurer Wohnung 8) euren Besuch 9) euer Haus
23. 1) ihre 2) seine 3) unser 4) eure 5) deine 6) Ihr 7) ihre 8) mein
24. 1) ihres 2) meiner 3) unseres 4) eurer 5) Ihres 6) seiner 7) eures 8) deines 9) unserer 10) eurer
25. 1) meiner Reise 2) ihres Alters 3) seiner Erkältung 4) seines Lebens 5) unseres Gartens
26. 1) meinem 2) seiner 3) ihren 4) meiner 5) unseren 6) seinem 7) deinen, deiner 8) eurer 9) ihren 10) seinem 11) meinen 12) unserem 13) euren 14) ihrem
27. 1) seiner Freundin 2) ihren Eltern 3) euren Landsleuten 4) seinem Zimmer 5) meiner Freundin 6) euren Verwandten 7) deiner Adresse 8) ihrem Freund 9) meinem Haus 10) unseren Erwartungen, seinen Romanen
28. 1) unser 2) deinen 3) eure 4) mein 5) ihren 6) unseren 7) seinen 8) Ihren 9) meinen 10) seine 11) euren 12) deine 13) unseren 14) ihr
29. 1) sein Alter 2) ihren Freund 3) meinen Bruder 4) euren Kollegen 5) deine Schwester 6) unseren Vorschlag 7) ihr Zimmer 8) deinen Brief 9) seinen Freund 10) ihren Mann, ihr Kind

30. 1) Ja, das ist unseres. 2) Ja, das sind meine. 3) Ja, das ist meiner. 4) Ja, das ist seine. 5) Ja, das ist ihrer. 6) Ja, das ist seines 7) Ja, das ist ihres. 8) Ja, das ist meiner. 9) Ja, das ist meines / unseres. 10) Ja, das ist ihrer.
31. 1) deines 2) deiner 3) seiner 4) ihres 5) unseren 6) meines 7) deinem 8) eurer 9) seiner 10) meiner 11) meines 12) Ihrem
32. 1) Nein, sie hat keine Geschwister. 2) Nein, er hat kein schönes Haus. 3) Nein, das Kind hat keinen Hunger. 4) Nein, er liest keine Zeitschriften. 5) Nein, sie hat keine Geduld mit ihm. 6) Nein, wir haben keinen Durst. 7) Nein, ich habe keine Lust auf ein Bier. 8) Nein, er findet keinen Parkplatz.
33. 1) keiner 2) keinen 3) einen, keinen 4) keine 5) keine 6) keines 7) keine 8) keiner 9) keinem 10) kein 11) keinen 12) kein
34. 1) einer 2) eines 3) einen 4) eines 5) eine 6) einem / einer 7) eines 8) einen
35. 1) Ja, ich habe einen. Nein, ich habe keinen. 2) Ja, er hat eines. Nein, er hat keines. 3) Ja, ich habe eine. Nein, ich habe keine. 4) Ja, ich habe eines. Nein, ich habe keines. 5) Ja, ich habe einen. Nein, ich habe keinen.
36. 1) Ohne Arbeit kommt man nicht weit. 2) Man soll immer die Wahrheit sagen. 3) In der Bibliothek darf man nur leise sprechen. 4) Man muss auf die Aussprache achten. 5) Man kann nicht über seinen Schatten springen. 6) In Siebenbürgen spricht man Rumänisch, Ungarisch und Deutsch. 7) Man soll seine Mitmenschen behandeln, wie man selbst behandelt werden will.
37. 1) man, man 2) man, einem 3) man, einem 4) einem, einen 5) man, man 6) man, einen 7) man, einem 8) einen
38. 1) jede 2) jedes 3) jeder 4) alle 5) jedes 6) jeder 7) jeder, jedes 8) aller 9) jeder 10) jedem 11) jedem 12) allen 13) alle 14) jeden 15) jedes 16) jede 17) jeden 18) allen 19) jeden 20) jeder
39. 1) Jeder Student lernt für seine Prüfung. 2) Kennst du jedes Mitglied deines / eures Vereins? 3) Diese Regelung gilt für jeden Studenten der Humanmedizin. 4) Der Gastgeber verabschiedet sich von jedem Gast. 5) Jeder Mensch hat das Recht auf die freie Entfaltung seiner Persönlichkeit.
40. 1) aller 2) alles 3) aller 4) alles 5) alle 6) aller 7) alles 8) allem 9) allem 10) alle
41. 1) jemandem 2) jemanden 3) jemand 4) niemand 5) niemanden 6) niemandem 7) jemand
42. 1) viele 2) mehreren 3) einige 4) wenige, viele 5) einigen 6) viele, wenigen 7) mehrere 8) vieler 9) mehrerer
43. 1) Meine Freundin, *die* du gerade kennen gelernt hast, wohnt auf dem Lande. 2) Die Freunde aus Köln, *denen* wir geschrieben haben, haben uns geantwortet. 3) Mein Freund, *dem* ich davon erzählt habe, war begeistert. 4) Mir gefällt das Haus, *das* er sich voriges Jahr gekauft hat. 5) Er möchte jene Kommilitonin heiraten, *in die* er sich verliebt hat. 6) Der Kollege, *mit dem* ich das Arbeitszimmer teile, ist sehr unordentlich. 7) Die Bekannten, *von denen* ich dir erzählt habe, haben ein schönes Haus.
44. 1) Unsere Freundin, *deren* Eltern auf dem Lande wohnen, ist sehr nett. 2) Der Freund, *auf dessen* Antwort er wartet, meldet sich nicht mehr. 3) Lutz Rathenow ist

ein Satiriker, *dessen* Bücher ich sehr gern lese. 4) Wir gehen zu einer Freundin, *deren* Kind Geburtstag hat.
45. 1) der 2) das 3) den 4) die 5) deren 6) dessen 7) dem 8) der 9) die 10) denen 11) deren 12) den 13) dem 14) die 15) die 16) denen
46. 1) solchen 2) solch 3) solchen 4) solchen 5) solches 6) solchem
47. 1) dieser, jener 2) diese, jene 3) dieses, jenes 4) diese, jene 5) dieses, jenes 6) dieses 7) jener 8) diesen 9) diesem 10) jenen 11) dieses 12) diese
48. 1) derselben 2) denselben 3) desselben 4) demselben 5) dasselbe 6) demselben 7) derselben 8) dieselbe 9) dieselben 10) dasselbe
49. 1) demjenigen 2) diejenigen 3) diejenige 4) derjenige 5) dasjenige 6) denjenigen 7) desjenigen 8) denjenigen
50. 1) den 2) die 3) das, die 4) der 5) das 6) die 7) das 8) den 9) das 10) der 11) das 12) der 13) dem 14) denen
51. 1) Mich freut (es), dass du die Prüfung mit Erfolg bestanden hast. Dass du die Prüfung mit Erfolg bestanden hast, (das) freut mich. 2) Mir gefällt (es), dass er sich um seinen kleinen Bruder kümmert. Dass er sich um seinen kleinen Bruder kümmert, (das) gefällt mir. 3) Unverständlich ist, warum man überhaupt raucht. Warum man überhaupt raucht, (das) ist unverständlich. 4) Mir ist nicht bekannt, ob er studiert hat oder nicht. Ob er studiert hat oder nicht, (das) ist mir nicht bekannt.
52. 1) das 2) das 3) es 4) das 5) es 6) das 7) es, das
53. 1) welches 2) welcher 3) welchem 4) welches 5) welcher 6) welchen 7) welche 8) welchem 9) welche 10) welches
54. 1) Welches ist dein Lieblingsschauspieler? 2) Welche Bluse hat sie sich gekauft? 3) Mit welchem Zug fahrt ihr? 4) In welcher Klasse ist deine Schwester? 5) Welcher Film wurde 2002 mit der Goldenen Palme ausgezeichnet?
55. 1) was für ein 2) was für eine 3) was für einen 4) was für 5) was für ein 6) was für einem 7) was für einer 8) was für 9) was für einer 10) was für einem
56. 1) Was für ein Zimmer möchten Sie? 2) Was für einen Pullover trägt Karin heute? 3) Was für eine Jacke hast du dir gestern gekauft? 4) Mit was für einer Aufgabe beginnen sie?
57. 1) wer 2) wessen 3) wen 4) wessen 5) wem 6) wen 7) was 8) wem 9) wen 10) was 11) wem 12) wen
58. 1) wen 2) wem 3) welchem 4) was für einem 5) wem 6) was für ein 7) welche 8) was für einen 9) welchen 10) welcher 11) wem 12) was
59. 1) „Auf wen wartest du?“ „Auf meinen Freund Georg.“ 2) Ich warte auf einen von ihnen. 3) In diesem Haus wohnen viele Studenten. 4) Nicht alle wohnen in demselben Apartment / in derselben Wohnung. 5) Ich habe wenige Freunde in Düsseldorf. In Wien habe ich mehrere. 6) „Hast du Durst?” „Nein, danke, ich habe keinen Durst.“ 7) Hast du ein Handy? Meines ist leider kaputt. 8) Wen möchten Sie sprechen? / Mit wem möchten Sie sprechen? 9) Was für einen Computer kaufst du dir? 10) Sie erzählt allen von unserem Ausflug. 11) „Welche Bluse gefällt dir?“ „Die dort / die da.“ 12) Das sind unsere Nachbarn. Kennst du sie alle? 13) In

Finnland spricht man finnisch und schwedisch. 14) Hier hat jeder etwas zu sagen, aber niemand hört einem zu.

ADJECTIVUL ŞI ADVERBUL

1. 1) heiser 2) kurz 3) dunkel 4) rosa 5) hoch 6) sauer 7) teuer 8) richtig 9) gefährlich 10) interessant 11) gut 12) böse
2. 1) Der Nil ist 6671 km *lang*. 2) Die Betonplatte ist 20 cm *dick*. 3) Der Eiffel Turm ist 321 m *hoch*. 4) Das Schiff ist 27 m *breit*.
3. 1) schneller, am schnellsten 2) besser, am besten 3) schwieriger, am schwierigsten 4) mehr, am meisten 5) lieber, am liebsten
4. 1) groß 2) groß 3) größer 4) größte 5) älteste 6) jünger 7) jüngste 8) groß 9) größer 10) größten 11) dunkler 12) dunkelsten 13) heller 14) teurer 15) teuersten
5. 1) pünktlich 2) schwierig 3) mündlich, schriftlich 4) neidisch 5) herrlich 6) kindisch 7) kindlich 8) feierlich 9) lebendig 10) phantastisch 11) neugierig 12) mutig, ängstlich 13) asiatisch 14) fröhlich, traurig 15) hungrig, durstig 16) menschlich, teuflisch
6. 1) aufmerksam 2) ernsthaft 3) einsam 4) gewissenhaft 5) langsam 6) märchenhaft 7) erholsam 8) wohnhaft 9) gemeinsam
7. 1) cholesterinfrei 2) kalorienarm 3) makellos 4) fehlerfrei 5) sinnlos 6) vitaminarm 7) jugendfrei 8) alkoholfrei 9) fettarm 10) freudlos
8. 1) erfolgreich 2) eindrucksvoll 3) liebevoll 4) kalorienreich 5) aussichtsreich 6) sinnvoll 7) vitaminreich 8) hoffnungsvoll
9. 1) trinkbar 2) essbar 3) hörbar 4) übersetzbar 5) lesbar
10. 1) zauberhaft, freundlich 2) zweifellos, aufrichtig 3) ernsthaft, möglich 4) fleißig, sparsam 5) vorsichtig, trinkbar 6) romanisch, germanisch 7) schwierig, erlernbar 8) europäisch, demokratisch 9) deutlich, unlesbar 10) aufmerksam, unruhig 11) erneuerbar, umweltfreundlich 12) jetzig, vorhersehbar 13) wissenschaftlich, technisch
11. 1) Die Mitglieder des Vereins treffen sich *monatlich*. 2) Die Pressekonferenz des Ministers findet *wöchentlich* statt. 3) Unser Zug kommt mit einer *zehnminütigen* Verspätung. 4) Nach einem *dreiwöchigen* Urlaub fühlt er sich endlich erholt. 5) Müllers machen eine *zweimonatige* Reise.
12. 1) golden 2) silbern 3) seiden, leinen, wollen, ledern 4) gläsern, metallen, hölzern 5) kupfern, bronzen, steinern, irden
13. 1) Banater 2) niederländisch 3) Schweizer 4) Wiener 5) rumänisch, Bukarester 6) Bremer 7) Genfer 8) fränkisch, kalifornisch
14. 1) hässlich 2) intelligent / klug 3) unerwartet 4) lange 5) bedeutungsvoll
15. 1) nette 2) nette 3) schöne 4) neuen 5) netten 6) netten 7) schönen 8) neuen 9) neuen 10) kleinen 11) neuen 12) neue 13) kleine
16. 1) junge 2) jungen 3) jungen 4) jungen 5) jüngere 6) jüngeren 7) jüngeren 8) jüngere 9) alte 10) alten 11) alten 12) alte 13) ausländischen

17. 1) den letzten Film 2) der letzte Film 3) das neue Video 4) die letzte CD 5) dem neuen Film 6) den neuen Kollegen 7) die neue Kollegin 8) dem deutschen Partner 9) die nette Dame, dem kleinen Mädchen 10) die schwedischen Seeleute, des kleinen Eisbären
18. 1) alte 2) alten 3) alten 4) alten 5) nette 6) netten 7) netten 8) nette 9) renovierte 10) renovierten 11) renovierten 12) renovierte 13) kostbaren 14) kostbaren 15) kostbaren 16) kostbaren
19. 1) dieser grünen 2) diese schnellen 3) diesen grauen 4) dieser neuen 5) diese prächtigen 6) diesem dreitägigen 7) dieser rote 8) dieses weiße 9) diesen ausgezeichneten 10) diese schöne
20. 1) deutsche 2) deutschen 3) großen 4) hohen 5) freundliche 6) freundlichen 7) freundlichen 8) freundliche 9) berühmte 10) berühmten 11) berühmten 12) berühmte 13) fleißigen 14) fleißigen 15) fleißigen 16) fleißigen
21. 1) jenes kleine 2) jenes schweren 3) jene rumänische 4) jene netten 5) jener alten 6) jener nette junge 7) jenen deutschen
22. 1) neuen 2) neuen 3) neue 4) neuen 5) guten 6) guten 7) großen 8) europäische 9) neuen 10) kleinen 11) wichtige 12) ausländischen 13) gute 14) neuen 15) alte
23. 1) Alle neuen Mitarbeiter stellen sich kurz vor. 2) Der Direktor begrüßt alle neuen Mitarbeiter. 3) Der Direktor spricht mit allen neuen Mitarbeitern. 4) Nahezu alle neuen Autos haben heute einen Katalysator. 5) In fast allen deutschen Haushalten wird der Müll getrennt gesammelt.
24. 1) neue 2) neuen 3) starken 4) interessante 5) neuen 6) alten 7) deutschen 8) gute 9) qualifizierten 10) neuen 11) alte 12) interessanten
25. 1) demselben alten 2) welches deutsch-rumänische 3) solchem alten 4) dieselbe langweilige 5) diejenigen ausländischen 6) derselbe junge 7) diejenigen ausländischen, diesem internationalen 8) sämtliche, jene notwendigen, diese neue 9) solchen akuten 10) welchem guten
26. 1) Das ist ein spannender Roman. 2) Das ist eine teure Wohnung. 3) Das ist ein langweiliges Buch. 4) Das ist ein braver Hund. 5) Das ist ein schönes Haus. 6) Das ist eine kleine Stadt. 7) Das ist ein großer Lesesaal.
27. 1) guter 2) guten 3) guten 4) wahren 5) wunderbare 6) guten 7) guten 8) gute 9) schönes 10) schönen 11) schönen 12) schönes
28. 1) guter 2) ehrlichen 3) größeres 4) alte 5) freundlichen 6) hellen 7) kleinen 8) alten 9) gutes 10) neuen 11) schöner 12) schnelles, teures
29. 1) neuer 2) neuen 3) neuen 4) neuen 5) ehemalige 6) ehemaligen 7) ehemaligen 8) ehemalige 9) altes 10) alten 11) alten 12) altes 13) jüngeren 14) jüngeren 15) jüngeren 16) jüngeren
30. 1) mein älterer 2) meiner alten 3) mein neues 4) meine jüngere 5) meinem besten 6) mein bester 7) meinen schwarzen 8) meinen eigenen 9) meiner besten
31. 1) neuer 2) neuen 3) neuen 4) neuen 5) blaue 6) blauen 7) nächsten 8) nächste 9) kaputtes 10) kaputten 11) kaputten 12) kaputtes 13) netten 14) netten 15) netten 16) netten

32. 1) deinem jüngeren 2) dein deutsch-rumänisches 3) dein älterer 4) deine neue 5) dein neues 6) deine jetzige, deine kleine 7) deiner jetzigen, alle deine 8) deinen alten 9) deine alten
33. 1) kleiner 2) neue 3) neues 4) besten 5) älteren 6) jüngeren 7) neuen 8) bisherigen 9) ausländischen 10) besten 11) kleinen 12) besten 13) interessanten 14) alte 15) teures 16) begabten
34. 1) seine freundlichen 2) sein bester 3) seinen eigenen 4) seine nette 5) sein eigenes 6) seinem letzten, ein interessantes 7) seiner heiseren 8) seiner schweren 9) seines kleinen
35. 1) neuer 2) gelbe 3) freundliches 4) bestellten 5) kranken 6) alten 7) kleinen 8) ausländischen 9) ehemaligen 10) kleinen 11) großen 12) guten 13) verlorenen 14) schnelle 15) neues 16) schnellen
36. 1) ihr letztes, ein großer 2) ihren künftigen 3) ihrem letzten, ihrer schönen 4) ihres kleinen 5) Ihre hilfreichen 6) ihrem neuen 7) aller ihrer neuen
37. 1) freundlicher 2) freundlichen 3) neuen 4) neuen 5) junge 6) jungen 7) jungen 8) junge 9) schönes 10) schönen 11) schönen 12) altes 13) englischen 14) englischen 15) englischen 16) englischen
38. 1) unserem neuen 2) unser nächster 3) unser kleines 4) unsere neue 5) unserer neuen 6) unserem ehemaligen 7) unseren amerikanischen 8) unseren blauen
39. 1) blauer 2) ältere 3) letztes 4) bestellten 5) älteren 6) neuen 7) neuen 8) englischen 9) deutschen 10) netten 11) alten 12) kleinen 13) schönen 14) kleine 15) interessantes 16) wertvollen
40. 1) eure neue, eine sehr gewissenhafte 2) eurer nächsten 3) euer junger, einen interessanten 4) euren nächsten 5) eurer neuen 6) eure neue 7) euren guten 8) eurem alten
41. 1) lieber, liebe, liebe 2) geehrter, geehrte 3) geehrte, liebe 4) schöne, frohe, gute 5) guten, gute, baldiges, gute 6) reinem, weißem 7) große 8) großes 9) besonderem 10) guten 11) grüner 12) grünen, frischem 13) dummes 14) gepresstem, kalter 15) frisches, rotes 16) interessante, großer 17) heiterem, strahlender, schöne, grüne, bunte
42. 1) neuen 2) neuer 3) schönes 4) neuem 5) starkem 6) kleines 7) jüngerer 8) großes 9) geparktes 10) neuen 11) gutes 12) unfreundliche
43. 1) Interessantes 2) Böses 3) Sehenswertes 4) Gutes, Schlechtes 5) Neuem 6) Nützliches, Wissenswertes
44. 1) lange, treu, schweres, groß, schweren, staubigen, jungen, Schönes, junge, schweres, schnelles, zufrieden, fröhlich, bald, braunen, ärgerlich, besser, frische, eilig, zufrieden, großen, frischer, starken, junges, alt, lieber, alte, junge, weißen, gut, schlaue, nächste, vorteilhaften, alten, genug, glücklich, schwer, engen, tiefen, schweren, glücklichste, leichtem
2) fernes, merkwürdiges, richtigen, traumhafte, großen, süßem, wunderbare, leckerem, duftenden, warmen, warme, schnellen, kleine, frische, guter, runden, feiner, gebraten, Hungrigen, fertig, gebraten, gekocht, gebraten, goldener, weißer, schönsten, grünen, ganzen, fleißig, Faulste, lange, gutes, Beste, alten, jung

VERBUL

1. bin, bist, ist, sind, seid, sind; habe, hast, hat, haben, habt, haben; gehe, gehst, geht, gehen, geht, gehen; mache, machst, macht, machen, macht, machen; tue, tust, tut, tun, tut, tun; fahre, fährst, fährt, fahren, fahrt, fahren; trage, trägst, trägt, tragen, tragt, tragen; laufe, läufst, läuft, laufen, lauft, laufen; esse, isst, isst, essen, esst, essen; nehme, nimmst, nimmt, nehmen, nehmt, nehmen; spreche, sprichst, spricht, sprechen, sprecht, sprechen; sehe, siehst, sieht, sehen, seht, sehen; lese, liest, liest, lesen, lest, lesen; arbeite, arbeitest, arbeitet, arbeiten, arbeitet, arbeiten; sitze, sitzt, sitzt, sitzen, sitzt, sitzen
2. 1) kommt 2) ist 3) hört 4) habt 5) isst 6) fährst 7) arbeitet 8) schreibt 9) spricht 10) siehst 11) treffen 12) singt 13) spielt 14) lernst 15) rät 16) tritt
3. 1) gehen 2) fährt 3) heißt 4) wartet 5) liest 6) weiß, wohnen 7) trinkst 8) lässt 9) tut
4. 1) fahrt 2) arbeitet 3) sprichst 4) sind 5) weiß 6) geht 7) sitzt 8) lest 9) freut 10) wäschst 11) schneidest
5. 1) Ich gehe nach Hause. 2) Wann fährst du ins Gebirge? 3) Das Kind isst viel Obst und Gemüse. 4) Du sprichst sehr gut Rumänisch. 5) Er / Sie wäscht sich die Hände. 6) Der Lehrer bittet den Schüler um Aufmerksamkeit. 7) Weißt du, wo Peter wohnt?
6. 1) ist 2) ist 3) hat 4) hat / haben 5) sind 6) hat 7) hat 8) hat 9) sind 10) haben 11) bist, haben 12) hat 13) ist
7. 1) gemacht 2) gereist 3) gefragt 4) geantwortet 5) besucht 6) angerufen 7) repariert 8) verkauft 9) verbracht 10) gefreut 11) spazieren gegangen 12) kennen gelernt 13) gewohnt
8. 1) hat gelernt 2) habe gelesen 3) ist gefahren 4) hat gewonnen 5) hast geschlafen 6) ist angekommen 7) hat gemacht 8) hat gespielt 9) haben gesungen 10) ist geflogen 11) hat gedankt 12) haben vorbereitet 13) bist erschrocken
9. 1) Die Tagung hat heute begonnen. 2) Ich habe mir einen neuen Computer gekauft. 3) Peter ist in Rom geblieben. 4) Der Film hat um 20 Uhr angefangen. 5) Maria ist nach Griechenland geflogen. 6) Ich habe ein Doppelzimmer für eine Woche reserviert.
10. 1) Wir haben sie schon renoviert. 2) Ich habe es schon übersetzt. 3) Er ist schon weggegangen. 4) Ich habe es schon repariert. 5) Sie sind schon angekommen. 6) Ich habe sie schon eingeladen.
11. war, warst, war, waren, wart, waren; hatte, hattest, hatte, hatten, hattet, hatten; sagte, sagtest, sagte, sagten, sagtet, sagten; wusste, wusstest, wusste, wussten, wusstet, wussten; kam, kamst, kam, kamen, kamt, kamen; brachte, brachtest, brachte, brachten, brachtet, brachten; kannte, kanntest, kannte, kannten, kanntet, kannten; musste, musstest, musste, mussten, musstet, mussten; wartete, wartetest, wartete, warteten, wartetet, warteten; gab, gabst, gab, gaben, gabt, gaben

12. 1) wusste 2) erkannte 3) hatte 4) machten 5) brachte 6) handelte 7) hattet, wart 8) regnete, donnerte 9) sagte, war

13. 1) wusste 2) hattet 3) war 4) saß 5) brauchte 6) gaben 7) half 8) stellte 9) las

14. 1) Sie war unsere Deutschlehrerin. 2) Wir hatten viel Arbeit. 3) Er musste früher nach Hause gehen. 4) Sie brachte uns einen Korb mit Obst. 5) Es gab keinen Grund zur Beunruhigung. 6) Er wartete auf seinen Kollegen. 7) Ihr spieltet sehr gut Schach. 8) Sie saßen am Tisch und lasen die Zeitung.

15. 1) wird 2) werden 3) werde 4) wirst 5) wird 6) werdet 7) werden 8) wird 9) werdet 10) wirst

16. 1) Wir werden diesen Artikel ins Rumänische übersetzen. 2) Er wird am Wettbewerb teilnehmen. 3) Ihr werdet dort viele Freunde und Bekannte treffen. 4) Wirst du ihm von unserem Treffen erzählen? 5) Ich werde jetzt eine Pause machen. 6) Sie werden dich nicht verstehen.

17. 1) hatte geschrieben 2) war eingeschlafen 3) hatte verkauft 4) hatte angerufen 5) war zurückgekehrt 6) hatte kennen gelernt 7) war geblieben 8) war einkaufen gegangen

18. 1) wird renoviert haben 2) wird angekommen sein 3) wird besichtigt haben 4) werden gelesen haben 5) wird eingeschlafen sein 6) wird verkauft haben 7) wird gegangen sein

19. 1) Geh hinaus! 2) Sitz ruhig! 3) Gieß die Blumen! 4) Fahr langsamer! 5) Entschuldige mich! 6) Lies weiter! 7) Iss alles! 8) Lass mich in Ruhe! 9) Lauf schneller!

20. 1) b. 2) b. 3) b. 4) a. 5) b. 6) a. 7) b. 8) b. 9) b. 10) a.

21. 1) Kommt zu uns! 2) Esst mehr Obst und Gemüse! 3) Seid nicht egoistisch! 4) Nehmt keine Drogen! 5) Treibt regelmäßig Sport! 6) Ladet eure Freunde ein!

22. 1) Gib mir die Zeitung! 2) Lest mehr! 3) Mach das Fenster zu! 4) Habt Verständnis für ihn! 5) Schreib mir öfter! 6) Benimm dich! 7) Sprecht mit ihm! 8) Hilf ihm! 9) Wartet hier! 10) Hört mir zu!

23. 1) Kommen Sie (bitte) rechtzeitig! 2) Verzeihen Sie mir (bitte)! 3) Zeigen Sie (bitte) Ihre Papiere! 4) Haben Sie Geduld! 5) Seien Sie so freundlich! 6) Hören Sie bitte auf zu rauchen!

24. 1) versteht 2) besuchte 3) hinterlässt 4) haben zerstört 5) empfängt 6) hatte enttäuscht 7) werden erzählen 8) gefällt 9) ist misslungen 10) widersprach

25. 1) hört zu 2) bereiten vor 3) schau nach 4) wiederholte 5) gibst zurück 6) führte durch 7) füllen aus 8) sehen wieder

26. 1) Ich habe meinen Freund später angerufen. 2) Sie hat ihren Namen ins Register eingetragen. 3) Georg ist von zuhause ausgezogen. 4) Im Sommer hat er sein Studium abgeschlossen. 5) Julia hat sich vorgenommen, Deutsch zu lernen. 6) Sabine hat mir ihren Freund vorgestellt. 7) Peter ist weggegangen und nicht mehr zurückgekommen.

27. 1) Der Wetterbericht sagt Regen und starken Wind hervor. 2) Martin tritt unserem Verein bei. 3) Heute räumt sie ihr Zimmer auf. 4) Macht ihr bei diesem Projekt mit? 5) Er lässt ihre Hand los und geht weg. 6) Maria macht die Tür zu und das Fenster auf.

28. 1) - 2) zu 3) - 4) - 5) zu 6) - 7) zu 8) - 9) - 10) zu 11) - 12) zu

29. 1) wegzugehen 2) zu verkaufen 3) anzurufen 4) zu besuchen 5) kennen zu lernen 6) umzuziehen

30. darf, darfst, darf, dürfen, dürft, dürfen; kann, kannst, kann, können, könnt, können; mag, magst, mag, mögen, mögt, mögen; muss, musst, muss, müssen, müsst, müssen; soll, sollst, soll, sollen, sollt, sollen; will, willst, will, wollen, wollt, wollen

31. 1) darf 2) dürfen 3) dürft 4) darf 5) darfst 6) darf

32. 1) kann 2) kann 3) können 4) können 5) könnt 6) kannst

33. 1) mögen 2) mag 3) magst 4) mögen 5) mögt

34. 1) müssen 2) musst 3) muss 4) muss 5) müsst 6) muss

35. 1) soll 2) sollt 3) sollst 4) sollen 5) soll

36. 1) willst 2) will 3) wollen 4) wollt 5) will

37. 1) müssen 2) sollst 3) darf 4) möchte 5) kannst 6) will 7) musst 8) mag 9) will 10) kann 11) soll 12) darf

38. 1) Der Eisbär *kann* sehr niedrige Temperaturen ertragen. 2) Sie *muss* sich einen neuen Computer kaufen. 3) Sie *wollen* sich selbständig machen. 4) Er *soll* den Vertrag überprüfen. 5) Er *möchte* einmal mit solch einem Auto fahren. 6) Georg *darf* heute früher nach Hause gehen.

39. 1) Ihr braucht euch keine Sorgen zu machen. 2) Wir brauchen den Gewinn mit niemandem zu teilen. 3) Sie braucht ihn nicht mehr anzurufen. 4) Du brauchst mir das nicht zu erzählen. 5) Sie braucht sich nicht um diese Probleme zu kümmern.

40. 1) wollte 2) konnte 3) mochten 4) durften 5) sollte 6) musstet 7) konnten 8) wolltet, wollten 9) mussten 10) solltet 11) durfte 12) konnte 13) musste 14) wolltest

41. 1) hat fragen wollen 2) habe gehen müssen 3) hat gekonnt 4) hast gedurft 5) hat aufgeben können 6) haben kaufen wollen 7) hat gemusst 8) hat gewollt 9) haben gemocht 10) hat übersetzen können

42. 1) hat schneiden lassen 2) habe gehört 3) sind spazieren gegangen 4) habe kommen sehen 5) hat sprechen hören 6) habe schwimmen gelernt 7) habe gelassen 8) haben gesehen

43. 1) Was hat er von dir gewollt? 2) Er hat zu Hause bleiben müssen. 3) Damals habe ich nicht gut genug Englisch gekonnt. 4) Wir haben sie sehr gemocht. 5) Sie hat in die Disko gehen wollen, aber sie hat nicht gedurft. 6) Bastian hat zur Bank gehen sollen. 7) Er hat seinen Nachbarn Geige spielen hören. 8) Sie hat sich einen Zahn ziehen lassen. 9) Was habt ihr damit sagen wollen? 10) Wir haben unsere Freunde einen Walzer tanzen sehen. 11) Warum seid ihr plötzlich stehen geblieben? 12) Wer hat dich Schach spielen gelehrt? 13) Maria ist auf dem Markt einkaufen gegangen. 14) Die Kandidaten haben kein Wörterbuch benutzen dürfen.

44. 1) geprüft 2) gelesen 3) repariert 4) verkauft 5) angerufen 6) gefilmt 7) genannt 8) abgeholt
45. 1) wird 2) werdet 3) wirst 4) werden 5) werde 6) werden 7) wird
46. 1) wird geöffnet 2) werden empfangen 3) wird geimpft 4) werdet erwartet 5) wirst unterstützt 6) werden gepflückt 7) werden behandelt 8) wird entworfen 9) wird operiert 10) wird geerntet 11) werden korrigiert
47. 1) Der Hund wird von Peter gestreichelt. 2) Er wird oft von seinen Freunden besucht. 3) Das Schloss wird von einem Touristen fotografiert. 4) Die Schäden werden vom Tischler repariert. 5) Maria wird von Georg angerufen. 6) Das Frühstück wird vom Koch vorbereitet. 7) Wir werden von Karin auf ihre Geburtstagsfeier eingeladen.
48. 1) Hier wird Deutsch gesprochen. 2) Bei uns wird gern getanzt. 3) In unserem Haus wird nicht geraucht. 4) Brot wird beim Bäcker gekauft. 5) Es wird gesagt, dass dieser Tee den Kopf klar hält. 6) Es wird über ein neues Produkt diskutiert.
49. 1) wurde repariert 2) wurden gepflanzt 3) wurde behandelt 4) wurde diskutiert 5) wurdet gesucht 6) wurde befördert 7) wurden aufgehalten 8) wurde übersetzt 9) wurdest angerufen 10) wurde angesprochen 11) wurde gefressen
50. 1) ist repariert worden 2) ist gelesen worden 3) ist geschlossen worden 4) ist übersetzt worden 5) sind gegrüßt worden 6) bist gerufen worden 7) sind gegossen worden 8) ist aufgeräumt worden 9) ist festgenommen worden 10) ist gelesen und kommentiert worden
51. 1) Das alte Haus ist renoviert worden. 2) Die Wände sind gestrichen worden. 3) Die alten Möbel sind verkauft worden. 4) Neue Möbel sind bestellt worden. 5) Wir sind von unseren Freunden abgeholt worden. 6) Er ist für seine Diplomarbeit ausgezeichnet worden. 7) Die Inschrift ist von Archäologen entziffert worden.
52. 1) war gegessen worden 2) war gelöst worden 3) waren gepflanzt worden 4) war besucht worden 5) war reserviert worden 6) war gekauft worden 7) waren bewundert worden
53. 1) wird gewaschen werden 2) werdet abgeholt werden 3) wirst begleitet werden 4) wird renoviert werden 5) wird gewonnen werden 6) werden korrigiert werden 7) wird untersucht werden 8) werden gesendet werden
54. 1) wird verkauft worden sein 2) wird repariert worden sein 3) wird übersehen worden sein 4) wird übersetzt worden sein
55. 1) übersetzt werden 2) repariert werden 3) besucht werden 4) gestört werden 5) operiert werden 6) gefüttert werden 7) gelöst werden
56. 1) Diese Blumen sollen einmal pro Tag gegossen werden. 2) Der Betrag soll bis nächste Woche gezahlt werden. 3) Das Obst musste früher als gewöhnlich geerntet werden. 4) Dieser Abschnitt konnte von (den) Studenten nicht übersetzt werden. 5) In der Bibliothek darf nur leise gesprochen werden. 6) Das alte Gemälde durfte von (den) Besuchern nicht fotografiert werden.
57. 1) ist gelesen 2) sind korrigiert 3) sind geerntet 4) ist beseitigt 5) ist geschätzt 6) ist erledigt
58. 1) ist 2) wird 3) wurde 4) sind 5) ist 6) wird
59. 1) Die Hotelgäste werden von der Empfangsdame begrüßt. 2) Ich wurde (von ihm) gefragt, ob ich auf den Ausflug mitgehen will. 3) Der Hund wurde von der

Feuerwehr gerettet. 4) Viele Museen und Schlösser werden den Touristen gezeigt. 5) Der Investitionsplan soll von meinem Kollegen erstellt werden. 6) Alle notwendigen Daten werden gesammelt werden.
60. 1) Die Klassenlehrerin ruft Pauls Eltern an. 2) 70% aller Spielzeuge der Welt stellt man in China her. 3) Man hatte das Fahrzeug technisch überprüft. 4) Die Polizei nahm den Taschendieb auf frischer Tat fest. 5) Der Professor erklärt den Studenten eine Theorie. 6) Viele ausländische Touristen haben voriges Jahr den Stephansdom besichtigt.
61. 1) könnte 2) würde mitkommen / käme mit 3) würdet tun 4) würden freuen 5) würde machen 6) möchten 7) möchte 8) wären 9) sollten 10) dürfte 11) würde lachen 12) hätte 13) würde empfehlen 14) würdest erwarten 15) würden raten 16) müsste
62. 1) Dürfte ich Sie etwas fragen? 2) Könnten wir eine Pause machen? 3) Wäre das in Ordnung? 4) Hättest du ein wenig Zeit für mich? 5) Möchtest du einen Kaffee?
63. 1) Wenn er zu uns käme / kommen würde, würden wir zusammen lernen. 2) Wenn wir zu Hause wären, würden wir gern im Garten arbeiten. 3) Wenn er mich besuchen würde, würde ich mich freuen. 4) Wenn du Geduld hättest, könntest du mehr erreichen. 5) Wenn du mir hülfest / helfen würdest, wäre ich schneller mit der Arbeit fertig. 6) Wenn sie gesund wäre, käme sie ins Kino mit / würde sie ins Kino mitkommen. 7) Wenn er ein Wörterbuch bräuchte, würde ich ihm meines geben. / Wenn er ein Wörterbuch brauchen würde, gäbe ich ihm meines.
64. 1) hätten gekauft 2) hättet gefunden 3) wären geblieben 4) wäre gegangen 5) wäret gewesen 6) hättest gegessen 7) wäre gereist 8) gemacht hätte 9) gekommen wäre 10) gehabt hätte 11) geblieben wäre 12) gewusst hätte
65. 1) hätten gedurft 2) hätten sagen müssen 3) hätte machen sollen 4) hättest machen dürfen 5) hättet arbeiten können 6) hätte gemusst 7) hätte gemocht 8) hätte zeigen wollen 9) hätte / hätten gekonnt
66. 1) Ich wäre gern auf den Ausflug gegangen. 2) Er hätte uns vieles über seinen Kollegen erzählt. 3) Ich hätte meiner Frau diese schönen Blumen geschenkt. 4) Ich wäre gern spazieren gegangen. 5) Ich hätte dich gern auf meine Geburtstagsfeier eingeladen.
67. 1) Ich würde einkaufen gehen. Ich wäre einkaufen gegangen. 2) Sie würde ihn etwas fragen. Sie hätte ihn etwas gefragt. 3) Wenn er Geld hätte, würde er sich ein Fahrrad kaufen. Wenn er Geld gehabt hätte, hätte er sich ein Fahrrad gekauft. 4) Wenn sie nach Rumänien käme / kommen würde, würde sie uns besuchen. Wenn sie nach Rumänien gekommen wäre, hätte sie uns besucht. 5) Wenn du wolltest, könnte ich dir helfen. Wenn du gewollt hättest, hätte ich dir helfen können.
68. 1) Wann fahrt ihr nach Griechenland? 2) Ich habe das nicht gewusst. 3) Werdet ihr mehrere Länder besuchen? 4) Sie hatte schon den Film gesehen. 5) Seid vorsichtig! 6) Sie plant / Sie hat vor, Spanisch zu lernen. 7) Er lässt sich nächsten Monat operieren. 8) Im Krankenhaus darf man nicht rauchen. / Im Krankenhaus darf nicht geraucht werden. 9) Der Fernseher musste wieder repariert werden.

10) Wir möchten ein Doppelzimmer mit Bad. 11) Wir müssten schon dort sein. 12) Wenn ich könnte, würde ich dir mein Fahrrad leihen. 13) Wenn er gemusst hätte, hätte er das getan. 14) Wenn sie länger hier geblieben wäre, hätte ich es auch gewusst.
69. 1) habe 2) sei 3) könnest 4) solle 5) kommet 6) wisse 7) arbeite 8) lesen 9) fühle 10) werdest, werde
70. 1) sei ... gewesen 2) abgeschlossen habest 3) seien ... spaziert 4) habe ... gewonnen 5) gekauft hätte 6) habet ... eingeladen 7) besichtigt, gemacht hätten
71. 1) Er erzählt, dass er regelmäßig Sport treibe und viel Obst und Gemüse esse. / Er erzählt, er treibe regelmäßig Sport und esse viel Obst und Gemüse. 2) Johanna sagt, dass ihre Freunde den kaputten Computer reparieren könnten. 3) Sie sagt, dass Peter früher als seine Kollegen nach Hause gegangen sei. 4) Peter meint, er sei schon müde gewesen und habe nicht mehr arbeiten können. 5) Er sagte zu mir, dass ich besser als gestern gearbeitet hätte. 6) Die Schüler behaupten, dass sie den Roman schon gelesen hätten. 7) Der Politiker erklärt, er habe alle seine Versprechungen eingehalten. 8) Die Lehrerin gratuliert uns / sagt uns, dass wir die Prüfung mit gutem Erfolg bestanden hätten. 9) Er sagt über euch, dass ihr einen guten Eindruck auf ihn gemacht habet. 10) Georgia sagte, dass Mario gestern zu ihr gekommen sei. 11) Er will von mir wissen, wie lange ich auf der Party geblieben sei. 12) Er erzählt, dass sie schon oft nach Österreich gefahren seien.
72. 1) Der Vater sagt zur Tochter, sie solle ihr Zimmer aufräumen. 2) ..., sie sollten ihre Hausaufgaben schreiben. 3) ..., sie möchten Platz nehmen. 4) Mein Freund sagt mir, ich solle / möchte zu ihm kommen und ihm den Hammer geben. 5) ..., wir sollten / möchten ihm bei den Arbeit helfen. 6) ..., sie möchte das Hörspiel *Der Fisch* kommentiern.
73. Peter erzählt Michael, dass er am Vortag ihren ehemaligen Mitschüler Hagen getroffen habe. Er sei mit seiner Frau Gudrun in einer Konditorei gewesen. Hagen sei seit fünf Jahren verheiratet und habe ein zweijähriges Mädchen. Er arbeite bei einer deutschen Firma und müsse viel geschäflich reisen. Er habe Peter eingeladen, dieser solle ihn besuchen, wenn er nach Passau komme. Hagen habe Peter gefragt, ob er noch etwas von ihren Lehrern wisse. Er lasse Michael herzlich grüßen und hoffe, dass sie sich alle bald wiedersehen würden.

PREPOZIŢIA

1. 1) trotz 2) aufgrund 3) ungeachtet 4) anhand 5) infolge 6) wegen
2. 1) seitens seiner Familie 2) binnen eines Monats 3) während meines Studiums 4) mithilfe ihres Bruders 5) anstelle seines Mitschülers 6) zugunsten einer Kollegin 7) laut seiner Aussage 8) betreffs dieser Angelegenheit 9) mangels eindeutiger Beweise 10) anlässlich ihres Geburtstags
3. 1) beiderseits 2) unweit 3) längs 4) außerhalb 5) abseits 6) inmitten 7) jenseits
4. 1) dank 2) außer 3) gemäß 4) ab 5) gegenüber 6) entsprechend 7) entgegen
5. 1) zu 2) mit 3) nach 4) bei 5) von 6) seit 7) aus

6. 1) entlang 2) durch 3) bis 4) um 5) wider 6) durch 7) gegen
7. 1) für oder gegen diesen Vorschlag 2) ohne ihren Freund 3) um den Tisch 4) durch die Stadt 5) für meine Tochter 6) bis nächsten Monat 7) gegen den Wind 8) für ihren alten Vater
8. 1) an 2) auf, auf 3) in 4) vor 5) über 6) auf 7) neben 8) zwischen 9) unter, unter 10) vor 11) hinter
9. 1) an 2) nach, nach 3) über 4) auf 5) vor 6) für 7) zu 8) auf 9) wegen, auf 10) in 11) bei 12) auf / während 13) mit, über 14) von 15) in 16) für 17) um 18) ohne, durch 19) aus 20) von 21) an, für 22) über 23) aus 24) über 25) vor 26) auf, auf 27) für

EXPRIMAREA DEPLASĂRII ŞI SITUĂRII

1. 1) Wohin fliegt Julian? 2) Wo studiert Elena? 3) Wo ist sein Vater? 4) Wohin fährt Mihaela? 5) Wohin fahren sie? 6) Wohin reist Sebastian? 7) Wo wohnt Urs? 8) Wohin fährt Margarethe? 9) Wo liegt Temeswar? 10) Wohin fährt er im Urlaub? 11) Wo spielen die Kinder? 12) Wohin geht sie in 5 Minuten?
2. 1) zu Hause 2) zu Hause 3) nach Hause 4) nach Hause 5) zu Hause 6) nach Hause 7) zu Hause 8) zu Hause 9) zu Hause 10) nach Hause 11) zu Hause 12) nach Hause
3. 1) zu 2) zu 3) bei 4) zu 5) bei 6) bei, bei 7) bei 8) zu 9) zu 10) bei 11) zu
4. 1) dir 2) ihm 3) ihr 4) uns 5) euch 6) ihnen 7) mir 8) ihnen 9) mir 10) dir 11) ihm 12) ihr 13) uns 14) euch
5. 1) zu meinem Bruder 2) zu meiner Schwester 3) zu meinen Geschwistern 4) zu deinem Vater 5) zu deiner Mutter 6) zu deinen Eltern 7) zu seinem Freund 8) zu seiner Freundin 9) zu seinen Freunden 10) zu ihrem Kommilitonen 11) zu ihrer Kommilitonin 12) zu ihren Kommilitoninnen 13) zu unserem Kollegen 14) zu unserer Kollegin 15) zu unseren Kollegen 16) zu eurem Bekannten 17) zu eurer Bekannten 18) zu euren Bekannten 19) zu ihrem Verwandten 20) zu ihrer Verwandten 21) zu ihren Verwandten 22) zu einem Freund 23) zu einer Freundin
6. 1) bei meinem Kollegen 2) bei meiner Kollegin 3) bei meinen Kollegen 4) bei deinem Freund 5) bei deiner Freundin 6) bei deinen Freunden 7) bei seinem Onkel 8) bei seiner Tante 9) bei seinen Großeltern 10) bei ihrem Mitschüler 11) bei ihrer Mitschülerin 12) bei ihren Mitschülerinnen 13) bei unserem Verwandten 14) bei unserer Verwandten 15) bei unseren Verwandten 16) bei eurem Freund 17) bei eurer Freundin 18) bei euren Freundinnen 19) bei ihrem Sohn 20) bei ihrer Tochter 21) bei ihren Kindern 22) bei einem Cousin 23) bei einer Cousine
7. 1) zu uns, zu euch 2) zu ihrer Mitschülerin 3) bei ihrer Mitschülerin 4) bei ihren Eltern 5) zu ihrer Freundin 6) bei ihrer Freundin 7) zu eurem Vetter 8) bei unseren Freunden 9) bei ihnen 10) zu mir 11) zu seinem Onkel 12) bei mir, bei dir 13) bei meiner Tante 14) zu ihm 15) bei ihr 16) zu seinen Kindern
8. 1) zum 2) beim 3) bei der 4) zu der 5) zu den 6) bei den 7) zum 8) beim

9. 1) nach 2) in, in 3) in, in 4) nach 5) nach, nach 6) in 7) in, in 8) nach 9) in 10) in, in 11) in 12) nach 13) nach 14) in 15) nach 16) nach 17) in 18) nach 19) in 20) in, nach 21) in 22) nach 23) in 24) in 25) in, in 26) nach 27) in 28) nach, nach

10. 1) im 2) ins 3) im, in der 4) in die 5) in den 6) im 7) in den 8) im 9) in die 10) im 11) im, in der 12) ins 13) in die 14) ins 15) im 16) in den 17) im 18) ins 19) in der 20) ins, in die 21) in der, im 22) ins 23) im 24) in der, im 25) in die 26) ins, im 27) ins

11. 1) in die 2) in der 3) in der 4) in die 5) in der 6) in der, in der 7) in die 8) in der 9) in der, in die 10) in die 11) in die

12. 1) in die 2) in den 3) in den 4) in den, in die 5) in die 6) in die

13. 1) im 2) in den 3) im 4) im 5) ins 6) ins

14. 1) am 2) auf den, auf dem 3) ans 4) am 5) aufs, auf dem 6) an den, am 7) auf die, auf der 8) auf den, auf den 9) auf dem 10) am 11) an die, an die 12) an der

15. 1) hinter den / unter den 2) hinter dem / unter dem 3) unter den / neben den 4) unter dem / neben dem 5) vor das 6) vor dem 7) zwischen den Schrank und das Bett 8) zwischen dem Schrank und dem Bett 9) neben den 10) neben dem 11) unter den 12) unter dem

16. 1) Nach der Arbeit gehe ich zu meinem Freund Victor. 2) In den Sommerferien war sie bei ihrer Schwester in Mailand. 3) Fahrt ihr dieses Jahr ans Meer oder ins Gebirge? 4) Viele deutsche Touristen kommen nach Siebenbürgen, ins Banat und in die Moldau. 5) Albert arbeitet in Zürich, in der Schweiz. 6) Christine fährt oft ins Ausland. Sie hat viele Freunde im Ausland. 7) Wann kommt dein Bruder nach Hause? Oder ist er schon zu Hause? 8) Im Urlaub fahren wir in die Schweiz und nach Österreich. 9) Sie träumt von einer Reise nach Paris. 10) In den Winterferien fahren wir in die Alpen. 11) Susan macht einem Ausflug nach Afrika. 12) Karl studiert in den Vereinigten Staaten. 13) Unsere Freunde wohnen in Amsterdam, in den Niederlanden. 14) Er fährt nach Prag zu seinen Eltern.

EXPRIMAREA DATEI ŞI TIMPULUI

1. 1) neunzehnhundertneunundneunzig 2) zweihunderteinundfünfzig
3) achtzehnhundertachtundvierzig 4) zweitausendeins
5) neunzehnhundertfünfundsechzig 6) siebzehnhundertsechsundsiebzig
7) tausendsechsundfünfzig

2. 1) Heute ist der dritte Oktober. 2) Prag, *den* fünfzehnten Julizweitausendachtzehn 3) Heute ist der zweite Dezember. 4) Heute ist der dreizehnte März. 5) Berlin, *den* neunzehnten Januar zweitausendzwanzig. 6) Heute ist der siebte April. (Mai rar: Heute ist der siebente April.) 7) Heute ist der siebzehnte September. 8) Heute ist der dreißigste November. 9) Heute ist der neunzehnte Mai.

10) Heute ist der einunddreißigste Januar. 11) Heute ist der sechzehnte Juni. 12) Heute ist der achtundzwanzigste Februar.

3. 1) Heute ist *der* neunundzwanzigste Oktober. 2) Prag, *den* fünfzehnten Julizweitausendachtzehn 3) Die Sitzung hat *am* fünften vierten / fünften April zweitausendzwölf stattgefunden. 4) Heute haben wir *den* sechsten August. 5) Berlin, *den* neunzehnten Januar zweitausendzwanzig. 6) Gestern war *der* neunte Februar. 7) Das Kind ist *am* zweiten Juni zur Welt gekommen. 8) Bukarest, *den* zweiundzwanzigsten Dezember neunzehnhundertneunundachtzig 9) Das Semester fängt *am* ersten September an. 10) Wo warst du *am* elften März zweitausendneunzehn? 11) Morgen ist *der* zwölfte Mai. 12) Freiburg, *den* fünften Mai neunzehnhundertneunundneunzig 13) Ich bin *am* ... in ... geboren.

4. 1) Es ist zehn Uhr fünfzehn. / Es ist Viertel nach 10. 2) Es ist zehn Uhr dreißig. / Es ist halb elf. 3) Es ist zehn Uhr fünf. / Es ist fünf nach zehn. 4) Es ist elf Uhr fünfundvierzig. / Es ist Viertel vor zwölf. / Es ist drei Viertel zwölf. 5) Es ist elf Uhr fünfundfünfzig. / Es ist fünf vor zwölf. 6) Es ist zwölf Uhr. / Es ist Mittag. / Es ist zwölf Uhr mittags. 7) Es ist dreiundzwanzig Uhr. / Es ist elf Uhr nachts. 8) Es ist zweiundzwanzig Uhr vierzig. / Es ist zwanzig vor elf. 9) Es ist dreizehn Uhr. / Es ist eins. / Es ist ein Uhr nachmittags. 10) Es ist ein Uhr vierzehn. / Es ist vierzehn nach eins.

5. 1) 13.11 Uhr 2) 08.30 Uhr / 20.30 Uhr 3) 07.10 Uhr / 19.10 Uhr 4) 07.45 Uhr/ 19.45 Uhr 5) 09.25 Uhr / 21.25 Uhr

6. 1) um 2) gegen 3) in 4) um 5) gegen 6) gegen 7) um 8) in

7. 1) diese, nächste 2) letzte 3) diesen, nächsten 4) letzten 5) dieses, nächstes 6) vergangenes 7) dieses, nächstes 8) voriges 9) letzte

8. 1) Die Werbeunterbrechung dauert zwei Minuten. 2) Der Ausflug dauert zwei Tage. 3) Wir bleiben zwei Wochen in den Bergen. 4) Sie bleibt zwei Monate in Italien. 5) Er hat zwei Jahre an der Uni Wien studiert. 6) An dieser Uni hat er zwei Semester studiert.

9. 1) nächste 2) nächsten 3) Tage 4) zweiten 5) nächstes 6) nächsten 7) ein, einen 8) ersten 9) dreizehnten 10) Monate 11) letzten 12) eine

10. 1) bis 2) für 3) durch 4) bis 5) bis 6) auf, auf 7) durch 8) auf 9) bis 10) über 11) bis 12) auf 13) bis

11. 1) zwölftem 2) Jahren 3) nächstem 4) dem 5) kommender 6) der

12. 1) vom ... bis 2) von ... an 3) von ... an 4) von ... bis 5) von ... an 6) von ... bis

13. 1) an jenem Abend 2) an einem schönen Tag 3) an einem kalten Morgen 4) an jedem Wochenende 5) am Ende, am Anfang

14. 1) im Herbst 2) im August 3) im Jahr 4) in sieben Tagen 5) in fünf Minuten 6) in einer Stunde 7) in sechs Monaten 8) in der ersten Hälfte 9) in einem Monat 10) in drei Jahren 11) im einundzwanzigsten Jahrhundert

15. 1) nach dem Unterricht 2) nach der Arbeit 3) nach seinem Tod 4) nach einer Woche 5) nach einem Monat 6) nach dem einundzwanzigsten März 7) nach sieben Jahren 8) nach drei Monaten 9) nach einem Jahre

16. 1) seit einer Woche 2) seit einem Jahr 3) seit dem Anfang 4) seit ihrer Hochzeit 5) seit dem ersten Januar 6) seit drei Jahren 7) seit vorigem Sommer 8) seit zwei Monaten

17. 1) vor zwei Minuten 2) vor einer Stunde 3) vor zwei Monaten 4) vor dem Essen 5) vor drei Jahren 6) vor einem Monat 7) vor der Abreise 8) vor einem halben Jahr

18. 1) vor 2) seit 3) seit, vor 4) vor 5) seit

19. 1) bei 2) zu 3) zu, zu 4) bei 5) bei 6) zu 7) zu 8) bei

20. 1) im 2) am 3) zu, am 4) an, im 5) am 6) um 7) bei 8) seit 9) nach 10) vor, nach 11) gegen 12) vor 13) in 14) am 15) in

21. 1) „Wie spät ist es?“ „Es ist Viertel nach zwei. / Es ist zwei Uhr fünfzehn.“ 2) „Wann kommt Paul an?“ „Er kommt gegen Mitternacht an.“ 3) „Wann ist Andrea geboren?“ „Sie ist im Jahr 1990 geboren.“ 4) „Wann fängt die Schule an?“ „Am ersten September.“ 5) Heute ist der achtundzwanzigste Februar. 6) Wir verschieben die Sitzung auf sechsten April. 7) Er bleibt bis elften März in der Stadt. 8) Sie kommt nur für drei Tage. 9) In einer Woche fahren wir in Urlaub. 10) Wir sehen uns in einem halben Jahr wieder. 11) In einer Minute bin ich wieder da. 12) Ich habe ihn vor einem Jahr kennen gelernt. 13) Nach dem Regen scheint die Sonne. 14) Jedes Jahr zu Weihnachten kommt die ganze Familie zusammen.

FRAZA

1. 1) Nächste Woche kommt er zurück. 2) Äpfel und Birnen schmecken mir gleich gut. 3) In den warmen Ländern scheint die Sonne stärker. 4) Wegen des schlechten Wetters sind wir nicht wandern gegangen. 5) An der Universität wird er Fremdsprachen studieren.

2. 1) Das Konzert findet im Stadion statt. 2) Das dritte Jahrtausend hat am 1. Januar 2001 begonnen. 3) Er ist in die Schweiz gereist. 4) Ich habe mit der Kreditkarte bezahlt. 5) Sie hat einen ehemaligen Schulfreund geheiratet.

3. 1) Georg setzt sich an den Tisch und schreibt einen Brief. 2) Bleibst du zu Hause oder kommst du mit? 3) Der Zug kommt an und die Reisenden steigen aus. 4) Er geht nicht ins Kino, sondern (er geht) ins Theater. 5) Am Wochenende mache ich Ausflüge oder gehe ins Kino. 6) Ich kann nicht länger bleiben, denn ich habe noch viel Arbeit. 7) Er übt täglich, aber er macht keine Fortschritte.

4. 1) Die Besucher stellen ihm Fragen und *er* antwortet ihnen. 2) Sie macht eine Pause, dann setzt *sie* ihre Arbeit fort. 3) Wir müssen uns beeilen, sonst verpassen *wir* den Zug. 4) Fährst du mit dem Bus oder gehst *du* zu Fuß? 5) Ich habe noch viel zu tun, deshalb muss *ich* jetzt weg. 6) Er ist in Maria verliebt, aber *sie* liebt ihn nicht. 7) Er fährt oft nach Wien, trotzdem kann *er* kein Wort Deutsch. 8) Er geht früh zu Bett, denn *er* ist sehr müde. 9) Morgen früh fahren wir mit dem Bus nach Frankfurt, von dort fliegen *wir* nach Hause.

5. 1) Ich glaube, dass er Recht hat. 2) Sie sagt, dass sie mitkommen will. 3) Er behauptet, dass er den Dieb gesehen hat. 4) Ich vermute, dass er noch sehr jung ist. 5) Wir glauben, dass Martin der Richtige für diese Stelle ist. 6) Es kann sein, dass er einfach keine Lust zu antworten hat.

6. 1) Dass er ein böser Mensch ist, glaube ich nicht. 2) Ob dieser Zug überhaupt noch fährt, ist unsicher. 3) Was sie gesagt hat, weiß ich nicht mehr. 4) Wer dir das gesagt hat, möchte ich gern wissen. 5) Wenn du willst, kannst du mich auch über E-Mail kontaktieren. 6) Als ich ihn gesucht habe, war er nicht zu Hause.

7. 1) weil 2) denn 3) weil 4) weil 5) denn 6) weil 7) denn 8) weil 9) denn 10) denn

8. 1) Da er den Zug um 16.15 Uhr erreichen will, muss Uwe früher weggehen. 2) Da er seine Eintrittskarte verloren hat, kann er die Show nicht besuchen. 3) Da wir den Bus verpasst haben, mussten wir zu Fuß nach Hause. 4) Da er ein bisschen hungrig ist, kauft er sich zwei Brezeln. 5) Da sie Spanisch lernen will, geht sie für ein Semester nach Madrid. 6) Da Rita eine Brille braucht, macht sie einen Termin beim Augenarzt.

9. 1) weil 2) damit 3) weil 4) weil 5) weil 6) damit 7) damit 8) weil

10. 1) um 2) damit 3) damit 4) um 5) damit 6) um 7) um 8) damit 9) damit 10) um 11) um

11. 1) Das Kind spielt auf dem Balkon, ohne dass die Eltern davon wissen. 2) Er hilft mir, ohne dass ich ihn darum gebeten habe. 3) Emma geht weg, ohne dass sie sich von uns verabschiedet.

12. 1) Er schreibt seit Jahren an diesem Roman, ohne ihn zu beenden. 2) Karla tanzte die ganze Nacht, ohne müde zu werden. 3) Der Schüler löste die Aufgabe, ohne einen einzigen Fehler zu machen.

13. 1) ohne dass 2) ohne zu 3) ohne zu 4) ohne zu 5) ohne dass 6) ohne zu

14. 1) Er geht für mich auf den Markt, statt dass ich selbst einkaufen gehe. 2) Seine Gedanken sind anderswo, statt dass er dem Lehrer zuhört. 3) Wir könnten zusammen lernen, statt dass jeder allein lernt.

15. 1) Er spielt Fußball im Hof, statt seine Hausaufgaben zu machen. 2) Er geht zu Fuß einkaufen, statt mit dem Auto zu fahren. 3) Komm mit uns spazieren, statt den ganzen Tag im Haus zu sitzen!

16. 1) statt zu 2) statt zu 3) statt dass 4) statt zu 5) statt dass

17. 1) ohne zu 2) zu 3) um zu 4) ohne zu 5) statt zu

18. 1) dass 2) ob 3) ob 4) dass 5) dass 6) ob 7) ob 8) dass

19. 1) wenn 2) ob 3) wenn 4) wenn 5) ob 6) wenn 7) ob 8) wenn 9) wenn

20. 1) wenn 2) als 3) wenn 4) wenn 5) als 6) wenn 7) als 8) als

21. 1) Als ich jung war, war alles ganz anders. 2) Als sie in Berlin war, hat sie ihre guten Freunde besucht. 3) Wenn sie zu Besuch kommt, plaudern wir gern vor dem Kamin. 4) Als er sich zu Wort meldete, wurden alle aufmerksam. 5) Wenn er Probleme hat, kommt er immer zu mir. 6) Als er in Wien ankam, regnete es. 7) Wenn wir im Urlaub waren, machten wir jedes Mal viele Ausflüge. 8) Wenn ich mit der Arbeit fertig bin, werde ich mich draußen ins Gras legen.

22. 1) Während sie strickt, bastelt er im Keller des Hauses. 2) Während sie mit dem Kind spielt, bereitet ihr Mann das Abendessen vor. 3) Während ich den Tisch decke, könntest du den Wein aus dem Keller holen. 4) Während der Lehrer an der Tafel schreibt, schaut Georg aus dem Fenster. 5) Er sitzt in der Bibliothek, während seine Kommilitonen auf die Party gehen. 6) Er geht arbeiten, während sie auf die Kinder und das Haus aufpasst.

23. 1) Nachdem er seine Aufgaben gemacht hat, darf er spielen gehen. 2) Nachdem ich eine Pizza gegessen habe, habe ich keinen Hunger mehr. 3) Nachdem er studiert hatte, verbrachte er ein Jahr in Österreich. 4) Nachdem sie in den Bergen gewesen sind, fahren sie ans Meer. 5) Nachdem er die Schule abgeschlossen hat, arbeitet er jetzt als Privatlehrer. 6) Nachdem der Zug abgefahren ist, steht das Signal wieder auf Rot.

24. 1) bevor 2) seit(dem) 3) bis 4) seit(dem) 5) bis 6) bevor 7) bis 8) bevor 9) seit(dem)

25. 1) Wenn ich mehr weiß, sage ich dir Bescheid. 2) Während sie ein Buch liest, hört er Musik. 3) Als er mich angerufen hat, habe ich mich sehr gefreut. 4) Nachdem ich mit der Arbeit fertig bin, gehe ich in die Stadt. 5) Bevor die Gäste kommen, muss ich schnell aufräumen. 6) Seitdem die Nachricht erhalten hat, ist er sehr aufgeregt. 7) Wenn er in der Stadt ist, kommt er immer zu Besuch. 8) Als er noch kein Auto hatte, ging er viel zu Fuß.

26. 1) Obwohl er ein gutes Auto hat, geht er viel zu Fuß. 2) Sie geht weg, obwohl sie noch Zeit hat. 3) Obwohl er müde ist, arbeitet er noch. 4) Er geht in die Schule, obwohl er krank ist. 5) Wir haben den Zug erreicht, obwohl es schon spät war.

27. 1) so dass 2) als dass 3) dass 4) so dass 5) so dass 6) als dass 7) dass 8) dass 9) als dass

28. 1) Je mehr man liest, desto besser ist man informiert. 2) Je besser man arbeitet, desto höher ist der Lohn. 3) Je schneller das Auto ist, desto mehr kostet es. 4) Je schöner das Wetter ist, desto lieber fahren wir ins Grüne. 5) Je stiller der Wind ist, desto näher ist der Sturm. 6) Je kleiner das Handy ist, desto schwieriger ist manchmal die Bedienung.

29. 1) Je schneller du liest, desto weniger verstehst du. 2) Je länger der Film dauert, desto langweiliger wird er. 3) Je öfter wir jemanden sehen, desto sympathischer wird er uns. 4) Je mehr Übungen man macht, desto besser kann man Deutsch. / Je mehr Übungen du machst, desto besser kannst du Deutsch. 5) Je länger man schläft, desto müder wird man. 6) Je kürzer der Zeitraum ist, desto genauer ist die Wetterprognose.

30. 1) Er ist nicht aus Deutschland, sondern aus Österreich. 2) Sie ist nicht unsere Nachbarin, sondern meine Freundin Karla. 3) Er ist nicht Lehrer, sondern Schauspieler. 4) Die Sitzung beginnt nicht um 9 Uhr, sondern erst um 10 Uhr.

31. 1) Sie arbeitet nicht nur in der Firma, sondern auch zu Hause. 2) Er hat nicht nur in Wien, sondern auch in Heidelberg studiert. 3) Sie interessiert sich nicht nur für Sport, sondern auch für Musik. 4) Er unterrichtet nicht nur in seiner Muttersprache, sondern auch auf Deutsch.

32. 1) Sie arbeitet sowohl in der Firma als auch zu Hause. 2) Er hat sowohl in Wien, als auch in Heidelberg studiert. 3) Sie interessiert sich sowohl für Sport, als auch für Musik. 4) Er unterrichtet sowohl in seiner Muttersprache, als auch auf Deutsch.

33. 1) Er ist entweder zu Hause oder an der Uni. 2) Entweder wir holen dich am Bahnhof ab, oder du nimmst ein Taxi. 3) Entweder du rufst ihn an, oder du gehst zu ihm und sprichst mit ihm darüber.

34. 1) Ich war weder in Paris noch in Amsterdam. 2) Er hat weder Zeit noch Lust, ein Bier trinken zu gehen. 3) Sie kommt weder heute noch morgen an.

35. 1) sowohl 2) nicht nur 3) weder 4) entweder 5) weder 6) sowohl 7) nicht nur 8) entweder

36. 1) Ich freue mich, dass du mitkommst. 2) Ich weiß nicht, ob er mitkommen kann. 3) Wenn ich Zeit habe, lese ich ein Buch oder gehe ins Kino. 4) Wenn wir uns treffen, fahren wir alle ins Grüne. 5) Als wir uns getroffen haben, hat er mich nicht mehr erkannt. 6) Bis wann darf / kann ich das Wörterbuch behalten? 7) Wozu brauchst du das Wörterbuch? 8) Ich brauche es, um den Prospekt zu übersetzen. 9) Warum kaufst du Medikamente? 10) Ich kaufe Medikamente, weil mein Großvater krank ist. 11) Er wird nicht gesund werden, wenn er nicht auf das Rauchen verzichtet. 12) Obwohl er müde ist, möchte er auf die Party kommen. 13) Er ist so müde, dass er nicht mehr arbeiten kann. 14) Er ist nicht nur ein guter Klavierspieler, sondern auch ein begabter Komponist.

VOCABULAR

1. 1) Guten Morgen! 2) Guten Abend! 3) Gute Nacht! 4) Guten Tag! 5) Auf Wiedersehen! 6) Auf Wiederhören! 7) Wie geht es dir? 8) Wie geht es Ihnen? 9) Danke, es geht mir gut!

2. 1) La întîlnire: Willkommen! Moin! Grüß Gott! Guten Morgen! Guten Tag! Hallo! Guten Abend! Grüezi! Grüß dich! 2) La despărţire: Bis morgen! Auf Wiederhören! Schönes Wochenende! Gute Nacht! Schönen Tag noch! Man sieht sich! Alles Gute! Auf Wiedersehen! Tschüs!

3. 1) Aussehen 2) Kopf 3) Gesicht 4) Haar 5) Wimpern 6) Mund 7) Augapfel 8) Kiefer 9) Hand 10) Tatzen 11) Pfote 12) Zehen 13) Nägel 14) Ellbogen 15) Knöchel 16) Ferse

4. 1) schmal, dünn 2) breit 3) groß 4) fett, dick 5) eng 6) schlank 7) hoch
5. 1) höflich 2) klug 3) mutig 4) altruistisch 5) fleißig 6) aufrichtig 7) großzügig
6. 1) rücksichtsvoll 2) zuverlässig 3) ehrlich 4) bescheiden 5) gewissenhaft 6) hilfsbereit
7. 1) Glück 2) Lust 3) Freude 4) Laune 5) Spaß 6) Stimmung 7) Leidenschaft
8. 1) Stadt 2) Bauernhaus, Land 3) Straße 4) Wohnung, Mehrfamilienhaus 5) City, Apartment, Einfamilienhaus, Vorstadt 6) Innenstadt
9. 1) Esszimmer 2) Schlafzimmer 3) Wohnzimmer 4) Terrasse 5) Badezimmer 6) Küche
10. 1) wäscht 2) putzt 3) wischt 4) reinigt 5) wäscht 6) spült
11. 1) Fenster 2) Gardinen, Vorhänge 3) Schreibtisch 4) Computer 5) Lampe 6) Bücherregale 7) Bild 8) Sofa 9) Tisch 10) Stehlampe 11) Teppich 12) Kommode
12. 1) heizen 2) erwärmt / kühlt ab 3) wärme auf 4) wärmen 5) erwärmt 6) kühle 7) erkältet 8) erhitzt 9) erkaltet 10) erwärmt / wärmt 11) erfrieren
13. 1) besucht 2) begrüßen 3) besichtigt 4) grüßt 5) besichtigt 6) begrüßt 7) grüßen 8) besuchen
14. 1) beobachten 2) betrachte 3) gemerkt 4) bemerkt 5) festgestellt 6) wahrnehmen 7) eingesehen
15. 1) Gäste 2) Kunden 3) Gast 4) Klienten 5) Gast
16. 1) verreisen 2) buchen 3) Rückfahrkarten 4) Visum 5) Doppelzimmer 6) reservieren
17. 1) Konto 2) Geld 3) Kreditkarte 4) Rechnung 5) Kredit 6) Raten 7) Zinsen
18. 1) surfen 2) empfangen 3) schicken 4) schreiben 5) herunterladen 6) geöffnet 7) speichern
19. 1) erbleicht 2) ausbleichen 3) graut 4) ergraut 5) begrünen 6) grünt 7) errötet 8) rötet
20. 1) schwarz 2) blau 3) rot 4) blau 5) schwarz 6) schwarz auf weiß 7) gelb 8) grün / weiß 9) blau 10) grün 11) rosarot 12) schwarz 13) grau
21. 1) der 2) das 3) die 4) der 5) die 6) der 7) die 8) das 9) das 10) der
22. 1) Bänke 2) Banken 3) Häuserblocks 4) Blöcke 5) Drücke 6) Drucke 7) Tuche 8) Tücher 9) Worte 10) Wörter
23. 1) Busse 2) Kakteen 3) Globen, Atlanten 4) Gymnasien 5) Schemas / Schemata 6) Antibiotika 7) Arenen, Stadien 8) Motoren 9) Tenöre
24. 1) Die Studenten besprechen *interessante Themen.* 2) *Die Laboratorien* der Schule sind gut ausgestattet. 3) Wir haben *Museen* und *Denkmäler* besichtigt. 4) Der Wissenschaftler hat *Viren* und *Bazillen* entdeckt. 5) Peter hat sich *Kunstalben* gekauft. 6) Auf dem Schreibtisch liegen *Lexika.*
25. 1) auf 2) über 3) um 4) an 5) nach 6) für 7) an 8) an 9) auf 10) nach 11) an 12) von 13) an 14) auf 15) auf
26. 1) Das Kind hängt von seinen Eltern ab. 2) Ich denke über seinen Vorschlag nach. 3) Das Kindermädchen passt auf die Kinder auf. 4) Sie unterscheidet sich von ihrer Schwester. 5) Er verzichtet auf seine Kandidatur zur Präsidentschaftswahl.

27. 1) getroffen 2) führt / führte 3) nimmt / nahm 4) weckt / weckte 5) abschließen 6) durchgesetzt 7) einlegen 8) geholt 9) gefasst 10) ergreifen 11) begangen 12) treffen / trafen 13) treibt / trieb 14) gefällt 15) ablegen 16) gewonnen
28. 1) gegen 2) bei 3) zu 4) gegen 5) an 6) vor 7) auf 8) in
29. 1) Worauf bereitet sich Maria vor? 2) Wonach sehnt sich Georg? 3) Woran nimmt Peter teil? 4) Wofür interessiert sich Anna? 5) Worum bewirbt sie sich? 6) Wovon träumt Michael? 7) Worüber sprechen sie? 8) Worunter leiden die Bauarbeiter? 9) Worin besteht die Prüfung? 10) Wovor fürchtet sich der Hund? 11) Woraus macht man Kerzen? 12) Womit fangen die Schüler an? 13) Wozu gratuliert er ihr?
30. 1) Mit wem spricht Petra? 2) Wonach erkundigt er sich? 3) Woran schreibt der Schriftsteller? 4) An wen schreibt Martina einen Brief? 5) Aus wem besteht seine Familie? 6) Woraus besteht das Mosaik? 7) Über wen ärgert er sich? 8) Worüber beschwert sich der Arbeiter? 9) Nach wem hat ihn die Nachbarin gefragt? 10) Worauf konzentriert sich Ursula? 11) Um wen kümmert sich Christine? 12) Wogegen protestieren die Bürger?
31. 1) hängt 2) hängen 3) hängte 4) hing 5) haben gehängt 6) haben gehangen
32. 1) stellte 2) stellst 3) hat gestanden 4) stand 5) hast gestellt 6) steht 7) stellt 8) steht
33. 1) lag 2) legt 3) hast gelegt 4) legen 5) hat gelegen 6) liegt 7) legte 8) liegt
34. 1) habt gesessen 2) haben gesessen 3) setz 4) setzt 5) setzt 6) setzte 7) sitzt 8) saß
35. 1) steckst 2) stecke 3) steckt 4) hat gesteckt 5) steckte 6) steckte 7) steckt
36. 1) die 2) dem 3) dem 4) die 5) dem 6) den 7) das 8) der
37. 1) erschrickt 2) erschreckst 3) erschrick 4) erschrecke 5) erschreckte 6) ist erschrocken 7) hat erschreckt 8) erschrak 9) erschrickt 10) erschraken 11) erschrecken 12) erschreckt
38. 1) erlischt 2) löschte 3) haben gelöscht 4) erlosch 5) löscht 6) sind erloschen 7) war erloschen 8) hat gelöscht 9) ist erloschen
39. 1) senkte 2) haben versenkt 3) sinken 4) sind versunken 5) senkt 6) werden sinken
40. 1) war gesprungen 2) springen 3) hat gesprengt 4) sprang 5) ist gesprungen 6) sprengte
41. 1) verschwinde 2) ist verschwunden 3) verschwendet 4) hat verschwendet 5) verschwendete 6) verschwindet
42. 1) b. 2) a. 3) a. 4) a. 5) b. 6) b. 7) b. 8) a. 9) b. 10) a. 11) a. 12) a. 13) b. 14) a. 15) a. 16) a. 17) a. 18) b. 19) b. 20) b. 21) a. 22) b. 23) b. 24) a. 25) b. 26) b. 27) a. 28) a.
43. 1) b. 2) a. 3) a. 4) b. 5) a. 6) b. 7) a. 8) a. 9) a. 10) b. 11) a. 12) b. 13) b. 14) b. 15) b. 16) a. 17) b. 18) b. 19) a. 20) b. 21) a. 22) a. 23) b. 24) b. 25) a. 26) b. 27) a.
44. 1) Stuttgart 2) München 3) Berlin 4) Potsdam 5) Bremen 6) Hamburg 7) Wiesbaden 8) Schwerin 9) Hannover 10) Düsseldorf 11) Mainz 12) Saarbrücken 13) Dresden 14) Magdeburg 15) Kiel 16) Erfurt 17) Eisenstadt 18) Klagenfurt 19) Sankt Pölten 20) Linz 21) Salzburg 22) Graz 23) Innsbruck 24) Bregenz 25) Wien

La Editura Polirom

au apărut:

Rudolf Hoberg, Ursula Hoberg – *Der Kleine Duden. Gramatica limbii germane. Fonetică, lexicologie, morfologie, sintaxă*
Octavian Nicolae – *Gramatica contrastivă a limbii germane. II. Morfologia şi sintaxa*
Magdalena Leca – *Dicţionar român-german de termeni economici* (ediţia a II-a)
Ion-Mihail Iosif – *Ghid de conversaţie german-român*
Octavian Nicolae – *Dicţionar de gramatică a limbii germane*
Lia Laura Loria-Rivel – *Deutsch für dich. Limba germană pentru tine*
Octavian Nicolae – *Limba germană. Prima ta gramatică*
Gertrud Nicolae, Octavian Nicolae – *Germana pentru Germania*
Octavian Nicolae – *Gramatica contrastivă a limbii germane. I. Vocabularul* (ediţia a II-a)
Sorin Ciutacu, Ionuţ Apahideanu – *Genul în limba germană şi engleză. Contextul germanic*
Octavian Nicolae – *Willkommen! Manual de conversaţie în limba germană*
Lia Laura Loria-Rivel – *Guten Appetit! Limba germană pentru ospătari, chelneri, recepţioneri şi barmani*
Hans Neumann – *Ghid de conversaţie român-german* (ediţia a II-a)
Hans Neumann, Ion Lihaciu, Octavian Nicolae – *Dicţionar de buzunar german-român/român-german*
Henry Strutz – *501 verbe germane* (cu CD interactiv)
Octavian Nicolae – *Dicţionar german-român*
Hans Neumann – *Dicţionar medical de buzunar german-român/român-german* (ediţia a II-a)
Octavian Nicolae, Ulrich Engel – *Dicţionar de verbe germane*
Hans Neumann – *Limba germană pentru medici şi asistente*
Magdalena Leca, Lora Constantinescu – *Limba germană pentru afaceri* (ediţia a II-a)
Orlando Balaş – *Limba germană. Simplu şi eficient* (ediţia a XV-a)
Octavian Nicolae – *Limba germană. Dicţionar de cuvinte-instrument*
Orlando Balaş – *Limba germană. Exerciţii de gramatică şi vocabular* (ediţia a XIV-a)

www.polirom.ro

Coperta: Radu Răileanu

Bun de tipar: februarie 2020. Apărut: 2020
Editura Polirom, B-dul Carol I nr. 4 • P.O. BOX 266
700506, Iaşi, Tel. & Fax: (0232) 21.41.00; (0232) 21.41.11;
(0232) 21.74.40 (difuzare); E-mail: office@polirom.ro
Bucureşti, Splaiul Unirii nr. 6, bl. B3A, sc. 1, et. 1,
sector 4, 040031, O.P. 53
Tel.: (021) 313.89.78; E-mail: office.bucuresti@polirom.ro

Tiparul executat la S.C. Tipo-Lidana S.R.L.,
Calea Unirii, nr. 35, Suceava
Tel. 0230/517.518; Fax: 0330/401.062
E-mail: office@tipolidana.ro; www.tipolidana.ro